歴史読物

徳川家康 75年の運と決断

鳥越一朗

はじめに

人間誰しも、人生の節目節目で決断を迫られる。よい決断をすれば、普通はよい結果が得られる。しかし、決断がよかったからといって、必ずしも結果がよいとは限らない。運が悪ければ、決断はよくても結果が悪くなる時がある。逆に運がよければ、決断は間違っていても、よい結果に恵まれることがあるのである。とかく人生は不条理であり、だからこそ面白い――。

そううそぶけるのは、人生の成功者だからだろう。彼らには決断も運も、結局は「結果オーライ」に繋がったのだから。歴史上、事を成した人物はみんなそうである。

で、徳川家康なのである。戦国の世を終わらせ、二百六十年余りも続く太平の世をもたらした、この日本史上最大の成功者の「運と決断」とはいかなるものであったか。上に述べた流れからすれば、それを知ったからといって、「フツウの者」の身過ぎ世過ぎには何の役にも立たないだろう。

しかし、なぜか、興味を抱いてしまうのも人情である。成功者の運と決断――自分には縁のない話だとしても、その人生を代理経験することで、ままならぬ己が人生の憂さを晴らしたい、という深層心理が働いているのかもしれない。

だとしたなら、精神衛生上、あながちそれは無意味なことではないのではないか。そう信じつつ、家康の七十五年に及ぶ「運と決断」の旅へ御案内することにいたしましょう。

1章 人質生活 1542～

① 天下人の誕生
～運命の出自とタイミング～

人は親を選べないとはよくいわれる（昨今は、「親ガチャ」という言葉まである）。生まれてくる時代も場所もまたそうである。だからそれは、百パーセント運である。家康の場合はどうであったか。

天文十一年（一五四二）十二月二十六日、徳川家康は三河国（愛知県東部）の岡崎城（同県岡崎市）で誕生した。父親は同国の土豪、松平氏（安城松平氏）の当主・松平広忠、母は尾張国の豪族、水野忠政の娘・於大の方である。幼名は、松平氏の先例に従い、竹千代と名付けられた。

当時は戦国時代の真っただ中、三河国の周辺では、尾張国の織田氏、美濃国の斎藤氏、信濃・甲斐国の武田氏、駿河・遠江国の今川氏が、越後国の上杉氏、相模国の北条氏も交えて、有力戦国大名として互いに覇を競いあっていた。

三河国は室町時代には、仁木、大島、一色、細川などの諸氏が守護を務めたが、戦国時代に入ると守護権力が形骸化し、多くの国人（在地の領主）の中から松平氏が台頭して、西三河を中心に勢力を広めた。

伝承によると、松平氏は、徳阿弥という時宗の僧が、三河国松平郷の領主であった松平信重の入り婿になり、松平親氏を名乗ったのが始まりとされる。その後、「十八松平」といわれるほど、多くの支族に分かれるが、その中から安城松平氏が発展し、七代目の清康の時代に三河国のほぼ全域を版図とするまでになり、拠点を岡崎城とした。この清康が、広忠の父、家康の祖父である（二一七頁系図1参照）。

もっとも、織田氏や今川氏に比べれば、松平氏はいかにも弱小である。広忠の時代には西から織田氏、東から今川氏の侵攻を受けるようになる。また、松平氏同族内の権力争いもあった。

広忠は松平氏の存続のため、今川氏と不平等な盟約を結ぶ。そんな時代に、家康は松平氏の嫡男として生を受けたのである。そのために、彼は大人たちの都合によって、翻弄される幼少期を送ることになる。幼い家康にとって、それは不運には違いなかったが、その苦難の生い立ちが、彼を人間的に鍛え上げたことは想像に難くない。

また、曲がりなりにも、三河を代表する武家の嫡男という立場は、彼の心を支える糧として十分に

岡崎城（岡崎公園／愛知県岡崎市）

機能したはずである。出自から生まれるプライドが、(特に武士の場合)苦難を乗り越える原動力と成り得るのは、よく知られるところである。

ところで、家康が生まれた時、のちに天下人となる織田信長は八歳、豊臣秀吉は五歳であった。この二人との年齢差もまた、絶妙という気がしないでもない。親子ほどの開きはなく、長兄、次兄の後を三男坊が追いかけるという図式である。二人の偉大な先駆者が播いた種を、家康は要領よく育て、果実を収穫していったように思われるのである。

ともあれ、こうした幼少期における諸環境が、のちの天下人・徳川家康を生んだ、まずは最初の要件だったのだろう。

②両親の離婚

～熟女の愛に癒される?～

戦国時代の武家においても、現代同様、離婚は珍しくなかった。ただ、その理由は、現代のそれが性格の不一致とか、DV、不倫というのと違って、家同士の利害関係によるものがほとんどであった。昨日の味方は今日の敵、という時代であったから、家同士がひとたび敵同士となれば、離縁は必至だったのである。

家康の母・於大の方は、前述の通り、三河国刈谷(かりや)城(愛知県刈谷市)の城主・水野忠政の娘であった。松平広忠と結婚するのは、家康が生まれる前年の、天文十年（一五四一）のことである。広忠は十六歳、於大の方は十四歳だった。

水野氏は、元は尾張国の知多半島北部を領地としていたが、天文二年（一五三三）に三河国に進出して、刈谷城を築いており、領土保全のため隣接の松平氏と友好関係を築く必要から、同氏と婚姻を結んだのだった。

ところが、家康が生まれて二年後の天文十三年（一五四四）、忠政の跡を継いで水野氏の当主となっていた、於大の方の兄・水野信元（のぶもと）が、それまで松平氏とともに従っていた今川氏に背き、尾張国の織田信秀へと寝返ったのである。

その結果、今川氏との関係を重視する広忠は、やむなく於大の方を離縁した。彼女は、可愛い盛りの我が子・竹千代（家康）を残して、実家である水野氏の居城・刈谷城へ帰されたのだった。

ところで、水野氏と松平氏の婚姻はこれが初めてではなかった。於大の方の母・於富（おとみ）の方は、広忠の父・松平清康（家康の祖父）がその美貌を見初めたため、忠政と離婚させられ、清康の側室となっていたのである（二一九頁系図3参照）。

しかし、いくら戦国の世とはいえ、そんな略奪婚がまかり通るわけはなく、実際には、水野氏と松平氏の間に起こった諍（いさか）いの講和条件として、於富の方は清康に差し出されたようだ。どっちにしろ、於大の方の結婚生活もまた、母親同様、平穏には済まなかったのである。

ともあれ、こうして家康は、三歳にして実母と生き別れとなった。両親の離婚や母親との別れは、今も昔も、幼い子どもの心に小さからぬ傷を残すものである。離婚した親が（別の相手と）再婚すればしたで、子どもの心中は複雑なものがあろうが、家康の場合はどうだったかと言うと、果たして、彼の両親はそれぞれ再婚するのである。

天文十四年（一五四五）、広忠は三河国田原城（愛知県田原市）城主・戸田康光（やすみつ）の娘、真喜姫（まきひめ）を後室に迎えた。家康にとっては継母（ままはは）である（もっとも、それまでから、広忠には複数の側室がいて、男子二人、女子二人をもうけていたとされる）。

一方、於大の方は、離縁から四年後の天文十七年（一五四八）、松平氏に対抗する兄・信元の意向で、尾張国の阿古屋（あこや）城（愛知県阿久比町）城主・久松俊勝に嫁がされた。広忠と後室・真喜姫の間に子どもはできなかったようだが、於大の方は、俊勝との間に三男二女をもうけた。家康の同母きょうだいたちである。

こうした複雑な家庭環境は、今なら不良少年少女のグレた言い訳に十分なり得るだろう。しかし、家康はそれを理由にひねくれてしまうことはなかったようである。その理由の一つに、ある老女の存在があったかもしれない。

生母と別れたあと、幼い家康を養育したのは、祖父・松平清康の妹（姉とも）、於久（おひさ）（随念院）であったといわれる（二一九

松平清康が再興した松平氏の菩提寺「大樹寺」（愛知県岡崎市）
写真提供：岡崎市

頁系図3参照)。本来なら実母から得るべき愛を、家康は、血のつながった於久から受けることができたのである(当時は結婚が早かったから、於久は老女というより熟女ぐらいの年齢だったのだろう)。

於久は、はじめ清康の養女となって、大給(おぎゅう)松平氏三代目当主の松平乗勝(のりかつ)に嫁ぐが、乗勝と死別すると、三河国足助(あすけ)城(愛知県豊田市)城主の鈴木重直(しげなお)と再婚した。しかし、重直が松平氏に離反したため、離縁されて岡崎城に戻っていたのだ。

於久はなかなかの才女で、土地の寄進のための文書の作成にかかわるなど、城内で相当の力をもっていたようである。家康は、彼女の(おそらくは)惜しみない愛に、母を無くした寂寥感を癒しただけでなく、彼女から、幼児に必要な種々の教育を施されたに違いない。幼少期の家康にとって、正に不幸中の幸いだったのではないか。

③図らずも、織田氏の人質に
～父・広忠の「忠誠心」に救われる?～

岡崎城での、家康(竹千代)と於久の穏やかな生活は長くは続かなかった。

天文十六年(一五四七)、尾張国(愛知県西部)の織田信秀が三河国に侵攻し、安祥(あんじょう)城(安城城/愛知県安城市)を攻略した後、岡崎城に迫る構えを見せた。これに対し、広忠は今川義元(よしもと)を頼り、援助の見返りとして、六歳になっていた息子の家康を、今川氏の本拠である駿府(すんぷ)(静岡県静岡市)へ送ることに決めたのだ。

今なら幼稚園児の年齢だから、家康は事態を十分には理解できなかったであろう。しかし、周りの大人たちの様子から、余りよくないことが自分の身に起こっていることぐらいは感じ取れたのではないか。

天文十六年（一五四七）八月二日、家康は二十八名の随員と五十名余りの雑兵（ぞうひょう）とともに、駿府に向け岡崎城を出立した。しかしその途上、さらによくない出来事が発生する。一行は、老津（おいつ）の浜（渥美半島）から船で駿府に向かうことになったが、彼らを乗せた船は駿府には向かわず、あろうことか、敵方織田氏の領国である尾張国の熱田（あつた）（名古屋市熱田区）に到着したのである。

これは、今川氏から、家康を駿府へ送り届ける命を受けた戸田康光の策謀だったといわれる。康光は、陸地は敵が多いので、船でお送り申し上げると言って、供の者を欺き、熱田へと船を進めて、家康を織田信秀に引き渡したのであった。

康光はかつて松平氏に臣従しており、「康光」の名は、家康の祖父・松平清康の偏諱（へんき）（自分の名の一字を与えること）ともいわれる。清康の死後は、松平氏とともに今川氏に従属し、家康の父・広忠と於大の方の離婚後、娘の真喜姫を広忠に嫁がせているのは、前述のとおりである。

家康は、継母の父親である康光に、おそらくは、なんの警戒感も抱いていなかっただろう。そんな康光が、今川氏に背き、織田氏と内通していたのである（康光は、永楽銭千貫文で織田信秀に家康を売ったともいわれる）。

のちに、これを知って激怒した今川氏当主・今川義元（よしもと）は、戸田氏の居城・田原城を攻め、康光は嫡男とともに戦死し、田原戸田氏は滅亡したとされる。しかし、康光の娘・真喜姫はその後も岡崎に留まり、元亀（げんき）二年（一五七一）に没している。

於大の方を里へ帰した広忠であったが、どうしたわけか、真喜姫は手放さなかったのである。帰すべき実家が滅び、彼女を憐れんだのか、手放したくないほどの愛情を抱いていたのか。

田原城（愛知県田原市）　田原市博物館提供

ともあれ、家康にとって事態は、深刻であった。今川氏へ人質として送られるだけでも、不安であったろうに、途中で敵国へ拉致されたのだから、家康の不運のボルテージは、数倍跳ね上がったことになる。

実際、戸田康光から家康を受け取った信秀は、大いに喜び、早速、使者を岡崎城に送ると、

「竹千代（家康）は我がほうで預かった。ついては、今川から離れ、織田方に降参するべし。さもなければ、竹千代の命を頂戴することになる」と伝えた。現代でも使えそうな、典型的な誘拐犯の脅迫メッセージである。

ところが、家康の父・広忠は頑として応じなかった。織田方の使者に対して、「愚息（竹千代）は、今川氏へ人質とし

て送ったものだ。我が子への愛に引かれて、義元殿との昔からの誼（よしみ）を変えることがあってはならない」と返したのである。

広忠は今川氏の忠節のためには、我が子・家康の命は失われてもしかたがない、との意向を示したのだ。家康にしてみれば、「まさかやー」の事態だったろう。せめて、少しぐらいは交渉してくれてもいいのではないかと。

実際、この時、家康は殺されてもおかしくはなった。ところが、広忠の反応を使者から聞いた信秀は、広忠の（今川氏への）忠誠心に感心し、家康の命を奪うことはなかったというから、武士の心とは不可解なものである。

もっとも、今も昔も脅迫とは、半分ははったりであるから、信秀は家康を生かしておけば、まだ使い出があるだろう、という思いもあったのだろう（実際、後述するように家康が人質として、役に立つ時が来るのである）。また、広忠は広忠で、信秀の脅迫を拒否したところで、家康が命まで奪われる可能性はそう高くはない、と踏んでいたのかもしれない。

ともあれ、家康は両氏の駆け引きのはざまで、生きるか死ぬか、正に「薄氷」を踏まされていたわけであり、それをやり過ごすことができたのは、家康の強運であろう。ちなみに、家康には成人してからも、爪を噛む癖があったといわれるが、それは、人質時代に不安を紛らわすため身に付いたものと考えられている。

④尾張での人質生活
～若い家臣に支えられる～

織田氏に引き渡された家康（竹千代）は、尾張国熱田の織田氏家臣・加藤順盛に預けられ、その後二年間、熱田にいたとも、織田氏の菩提寺・万松寺（名古屋市中区）に移されたともいわれる。

尾張での家康の生活はどのようなものであったか。こんな逸話が残されている。河野氏吉という織田氏の家臣は、家康をいたわるため、百舌やヤマガラなどの小鳥を進呈した。家康は生来生き物好きだったのだろう、たいへん喜んでその恩を忘れず、後年、葵に桐の紋を彫った目貫を氏吉に与え、関ヶ原合戦後は氏吉を召し出して、近くに抱えたという。

また、尾張では鷹狩りにも連れて行ってもらったようで、孕石主水という武士の林に鷹がたびたび入り込み、主水がそれを疎んじて、「三河の倅にはうんざりである」と言うのを聞いた家康は、後年、高天神城が落城し、孕石が生け捕りにされた時、

「この者は、わしが尾張にいた時に、わしのことをうんざりと言った者だ」と覚えていて、孕石に切腹を命じたという（もっとも、孕石は遠江国の武士なので、これはのちの駿府人質時代の話なのだろう）。

家康の鷹狩り好きは有名で、生涯に千回以上鷹狩りを行ったといわれるが、そのきっかけは、幼き頃の人質時代にあったのかもしれない（駿府の人質時代には、三つ年上の家臣・鳥居元忠に、百舌

を鷹のように飼養することをせがんだという逸話もある）。ともあれ、恩も怨も長く記憶するぐらい、家康にとって印象に残る出来事が、尾張時代にもあったのである。

このように、人質とはいえども三河国松平氏の嫡男であるから、織田氏も家康に対し、監禁するようなことはせず、それなりの扱いをしていたのだろう。

そしてこの間、彼の真に心の支えになるものがあったとしたら、それは、岡崎から付き従ってきた、若い家臣たちの存在だったのではないか。織田側は、家康だけでなく、供の者らもひっくるめて、人質としていたのである。

最近になって、家康は奪われたのではなく、織田氏への降伏の証として、広忠が自ら人質として差し出したのだ、という説が出ているようだが、確かに敵方の人質であったなら、家康一人で十分で、供の者は、殺すなり追放するなりしそうなものである。

ともあれ、家康の供の者には、石川数正（かずまさ）・天野康景・榊原忠政・平岩親吉（ちかよし）・阿部正勝など十代以下の者も多く、家康が六歳で尾張に連れてこられた時、石川は十五歳、天野は十一歳、榊原は七歳、平岩は六歳、安倍は七歳だった。

特に阿部と榊原は家康の一つ上、平岩は同い年であり、遊びの友として欠かせない存在だったに違いない。そして、彼らはのちに徳川家臣団の中核として、大活躍することになるのだから、すでに幸運の芽が育ち始めていたのである。

⑤ 父（広忠）を失う

～松平氏当主の自覚が芽生える～

さて、広忠の忠誠心に感心したのは、織田信秀だけではなかった。天文十七年（一五四八）三月十三日、今川義元が、広忠とともに織田方を攻撃するため、太源雪斎（たいげんせっさい）を大将とする数千の大軍を東三河に派遣したのである。

自分の子ども（家康）を犠牲にすることも厭わない、広忠の今川氏への忠義に応えないわけにはいかなかったのだろう（この心理は、現代人にも理解できる）。それを知った織田信秀は、やはり数千の軍勢を率いて清洲城（きよすじょう）（愛知県清須市）を出陣し、同月十九日、両軍は三河小豆坂（あずきざか）で激突した（第二次小豆坂合戦）。

合戦は今川・松平連合軍優勢のうちに終息し、織田信秀は息子の信広を安祥城に残して、清洲城に引き上げた。が、このあと家康（竹千代）にとっての一大事が起こる。翌天文十八年（一五四九）三月十日、父・広忠が、岡崎城内で近臣の岩松八弥（はちや）に刺殺されたのだ。八弥は、織田方の西広瀬城（愛知県豊田市）城主・佐久間全孝（よしたか）が送り込んだ刺客といわれる。広忠はまだ二十四歳だった。

八弥は突然広忠の横に現れ、広忠の股を刀で刺すと、門外へ逃げ出した。周りにいた者らが八弥を追いかけ、広忠も逃がしてなるものか、と追いかけるが、股の傷が深く追いつけない。そこへ、広忠を訪ねて来た植村新三郎という者が、八弥と鉢合わせし、新三郎は八弥を取り押さえ、ともに落ちた空堀の中で八弥を討ち取ったのだった。

実は家康の祖父・清康も、老臣・阿部大蔵の子、七郎によって刺殺されている（この時も植村新三郎が七郎を討ち取ったとされる）。先代二代が、いずれも戦死ではなく、近臣関係者によって殺害された事実は、家康の性格を当然猜疑心の強いものに成らしめたであろう。

ともあれ、三歳で母と生き別れた家康は、八歳にして父をも失い、父母とは縁の薄い子供時代を送ることになる。本来なら、男の理想像として父親から受けるべき薫陶を、家康は直接受けることなく成長するのである。

ただ、見方を変えれば、家康は人質の身ではあったが、八歳にして松平氏の当主の座に就いたのである。周りの家臣らの態度も自ずと変化したはずである。尾張人質時代のこんな逸話がある。

家康の退屈を慰めようと、熱田の神官が、よく他の鳥の物まねをするクロツグミという鳥を家康に進呈したところ（また野鳥ネタである）、家康は、

「鳥でも人間でも能力の劣っているものは、他を真似て自分の無能を覆い隠そうとするものです。このような外見を飾って真の能力のないものは、鳥獣とはいえども、大将の慰みには十分ではありません」と言って、クロツグミをその神官に返したという。

八歳の少年の言葉とは思えない、ちょっと信じがたい話だが、当主としての自覚が家康に芽生え始めたのは確かかもしれない。

⑥人質交換で、駿府（今川方）へ

～太源雪斎の薫陶を受ける～

松平広忠殺害の報が伝わると、今川義元は直ちに軍師・太原雪斎らを派遣して、岡崎城を接収し管理下に置いた。そして、天文十八年（一五四九）十一月に、義元は再び雪斎を名代とした大軍を三河国に送り、織田信秀の子・信広が守る安祥城を攻撃した。織田方との間で激しい戦闘が行われたが、やがて同城は落城。ここで、家康（竹千代）にとって、またもや大きな転機が訪れる。

この戦いで信広が捕虜となったことから、尾張で人質になっていた家康との交換交渉が、織田氏と今川氏の間でまとまり、家康は岡崎城へ戻ることができたのだ。織田方にとっては、家康が人質として役に立った場面であり、家康にすれば命がつながった局面だった。

なお、信広はのちに異母弟・信長と敵対するが、その後和解し、天正二年（一五七四）の伊勢長島一向一揆において、討ち死にしている。

八歳となった家康が、二年ぶりに岡崎城へ帰還したこと

安祥城（安城城）跡（愛知県安城市）　提供：安城市教育委員会

に、松平の家臣たちのみならず、城下の人々は皆大いに喜んだという。しかし、今川義元は家康が岡崎城に留まることを許さなかった。

「竹千代はまだ幼きゆえ、義元が預かって後見いたす」という理由で、家康を駿府へ護送するよう岡崎へ申し送ってきたのである。

やっと織田氏から解放された家康であったが、間髪を入れず、今度は今川氏の人質となるべく（当初の予定通りであったが）、駿府へと身柄を移されたのである。

広忠亡き後、岡崎城へは今川氏から城代が送られ、義元の意向で政が行われていたが、今川氏にとって家康は、三河国統治のためには二年前と変わらず、否、松平氏当主となった今では、二年前以上に、人質としての価値があったということであろう。

当時の駿府は、今川氏が京都を模して街づくりをした城下町で、京都の公家や文化人も多く居住し、「東の京都」「東国の都」などと呼ばれていた。そんな駿府の街は、まだ京都を知らない家康の目には、さぞかし華やかに映ったことだろう。

さて、尾張に従った家臣の多くが、また駿府へも随行してくれたのは、家康にとって心強かったに違いない。さらに、駿府において、家康の養育に当たったのは、実の祖母である於富の方（華陽院／於久／源応院）であった。またもや、熟女の登場である。

於富の方は、前述したように、はじめ水野忠政に嫁いで家康の母・於大の方を産み、その後、忠政と別れ、広忠の父・松平清康（家康の祖父）に嫁いだ女性である。従って彼女は、家康にとって、母方の実祖母であるとともに、父方の義理の祖母でもあった（二一九頁系図3参照）。

家康が人質となる以前に、義元を頼って駿府入りし、出家して源応院と称していたが、自ら名乗り出て家康の養育に当たったという。今川氏のもとで、再び不自由な人質生活に入った家康にとって、岡崎での於久同様、血の繋がった女性の擁護者が存在したことは、やはり幸運だったといえるだろう（もっとも後年、家康が子持ちの未亡人に目が無いのは、幼い頃、母親と別れて未亡人に育てられたからだ、と揶揄（やゆ）されるようにもなるのだが）。

しかし、男子も十歳前後になれば、武士としての素養も身に付けなければならない。男としての理想像を求める時期にも達していただろう。亡き父に代わって、そうした面で家康の教育に当たったのは、太源雪斎だったといわれる。

雪斎は妙心寺（京都市右京区）の住持も務め、禅僧として一流だっただけでなく、義元の総参謀として、軍事をはじめ、外交・政治・学問の分野などで手腕を発揮し、当時今川氏の重鎮であった。そんな雪斎に教育を受けたのだとしたら、それは家康の人生において、願ってもない巡り合わせだったのではないか。

駿府人質時代のこんな逸話が残されている。天文二十年（一五五一）元旦、十歳の家康が今川氏の館で義元に拝賀した時のこと。今川の家中が家康を軽視するので、家康は縁先に立つと、堂々と小便をし、家中の者らを仰天させたといわれる。

こんな豪胆なふるまいも、雪斎の影響だったのだろうか。

⑦元服し、「元信」を名乗る
～墓参を請い、老臣らと面会を果たす～

駿府へ来て六年目の天文二十四年（一五五五）三月、十四歳になった家康は元服する。そして名を竹千代から「元信」に改めた。

元服式では、今川義元がいわゆる烏帽子親として加冠し、関口義広（親永）が理髪役を務めた。十四歳での元服は決して早くはない。ちなみに信長の元服は十三歳、信玄十六歳、謙信十四歳である（秀吉は不明のようだ）。

ちなみに、人質となった家康に尾張から従っていた、一歳年上の阿部正勝も、この時家康とともに元服している。義元は、家康に梅の実を貫いた槍を、正勝には梅の穂を貫いた槍を与え、家康はそれを梅実、梅穂と名付けたというが、幼なじみと一緒に元服できたことが嬉しかったに違いない。

ところで、駿河の戦国大名・今川氏は、鎌倉時代に三河国の吉良氏の分家として興ったとされる。その後版図を広げ、室町時代の初期には駿河・遠江両国の守護となり、応仁の乱後一時遠江を斯波氏に奪われるが、九代・氏親が再び遠江を領国とし、十一代・義元が当主となってからは、三河や尾張の一部をも勢力下に置き、今川氏は全盛期を迎えていたのだ。

義元は氏親の三男であったため、四歳で仏門に入り、梅岳承芳と名乗っていたが、兄の氏輝と彦五郎が相次いで病死したため、還俗して義元に改名し、側室の子との家督争い（花倉の乱）を経て、十八歳で今川氏の当主となったのであった。

家康の元服時、義元は三十七歳だった。「義元」という還俗後の名は、将軍・足利義晴の偏倚を賜ったものといわれ、そんな義元の名から一字を与えられて、家康は「松平次郎三郎元信」と名乗ることになったのである。

こうして、元服によって、家康（元信）の、今川氏への臣従の立場が明確になった。しかし、それは、少年・家康の本意であったかどうか。

駿府に来て以来、家康は今川氏に従うことこそが正義であることを、徹底して叩き込まれていたはずである（家康の教育役だった雪斎は、今川氏の三河侵攻などで活躍していた軍師でもあった）。ふつうの少年なら、それに洗脳されて当然である。

仮に、いつか今川氏から自立し、松平氏を再興したいという思いが芽生えていたとしても、十四歳という年齢で、かつ人質という立場であってみれば、それを拒否できることなど、とてもできない相談であったろう。

しかし、この頃から、ようやく家康の「意志」を示すエピソードが現れ始める。元服の翌年、家康は、亡父・広忠の墓参という名目で、一時岡崎城へ帰っている。家康が、

「私は十五になりますが、いまだ祖先の墓を参っていません。しばし、お暇をいただいて故郷に帰り、亡き親の法要を営み、松平の家人などとも対面したいのですが」と義元に願い出ると、義元はここでも家康の孝心に感心し、帰郷を許可したという。

広忠の死後、岡崎城は、今川氏の重臣・山田景隆が城代を務めていた。家康は本丸にいた景隆に遠慮して、自らは二の丸に入り、景隆に諸事の意見を仰いだ。

それを聞いた義元は、「この人（家康）、若輩に似合わず分別厚き人なり」と、またまた感心したという。もっとも、この時の家康の帰郷は、人質ながら元服した当主のお披露目の機会にもなったようで、家康は多くの老臣たちとの再会を楽しんだ。

その中で、老臣の一人・鳥居忠吉（ただよし）は、城内の倉庫に密かに蓄えた米・銭を家康に見せ、

「私は、殿が帰国されてすぐに出馬されることがあっても、軍用に事欠かぬよう、長年今川の目を盗んで、こうして備えておりました。八十という残り少ない余命ながら、このように殿の尊顔を拝することができて、これ以上の幸せはございませぬ」と涙ながらに語ったという。

これに対して家康は、

「義元が三河国を横領し、数年来我が一家の者たちを借り出している。そのために多くが討ち死にしていることが、何よりの悲しみである」と答えたとされる。この時の老臣とのやり取りは、家康に松平氏再興を決意させる大きなきっかけになったのではないか。

今川義元の墓（愛知県豊明市）　提供：豊明市観光協会

⑧築山殿（瀬名姫）を娶る

〜三年ばかりの幸せな家庭生活〜

元服から二年経った弘治三年（一五五七）一月十五日、家康（元信）は今川義元の姪で、関口義広の娘・築山殿（通称・瀬名姫）を娶った。家康は十六歳、築山殿は同い年ぐらいであったといわれる（三つ四つ年上だったとの説もあるようだが）。

十六歳という結婚年齢は決して早くはない。信長が斎藤道三の娘・帰蝶と結婚したのは十五、六歳頃、信玄が上杉朝興の娘を娶ったのは十三歳の時である。秀吉が当時としては珍しい「恋愛結婚」でねね（高台院）と結ばれるのは、二十五歳になってからであるが、これは例外的だ。

当時の武家の結婚とは、すなわち政略結婚であり、秀吉は出身の身分が低く、政略結婚の対象にならなかったのだろう。政略結婚の目的は、同盟を強化するため、あるいは主従関係の確認のため、などであったが、同盟強化目的の最たるものは、天文二十三年（一五五四）に結ばれた、甲相駿同盟に伴う武田氏・北条氏・今川氏三者相互の婚姻だろう。

すなわち、武田信玄の子・義信が今川義元の娘（嶺松院）を、北条氏康の子・氏政が武田信玄の娘（黄梅院）を、今川義元の子・氏真が北条氏康の娘（早川殿）をそれぞれ娶っているのである。

家康の結婚はもとより、今川氏と松平氏の主従関係によるものであった。相手の父・関口義広は今川氏の一門・瀬名氏の出身で、前述の通り家康の元服時に理髪役を務めているから、その頃には縁談の話がまとまっていたのかもしれない。

　義広は、駿河国持舟城（静岡市駿河区）の守将だったともいわれ、義元の妹（養妹）を娶っていたことから、この結婚は、家康の今川氏への服属をより強固にするものであった。ちなみに、義広の妻は、井伊直平の娘で、義元に仕えるうち、養妹という名目で義広に嫁ぐことになったともいわれる。

　直平は女城主として有名な井伊直虎の曽祖父であり、直虎が後見した井伊直政（直平の曽孫）がのちに徳川四天王の一人に上げられるまでになるのは、因縁というものだろう。

　ともあれ、人質の身である家康にとって、この結婚は拒否できるものではなかったろう。しかし、あてがわれた結婚ではあったが、幸運にも家康と築山殿との仲は悪くなかったようだ。二人の間に、二年後の永禄二年（一五五九）に長男・信康が、さらにその翌年には長女・亀姫が誕生する（二二一頁系図4参照）。

　これまで家庭生活に恵まれなかった家康は、妻と子を傍に置く生活に、一時の幸福を感じたかもしれない（それは、家康を人質として管理下に置く今川氏にとっても、家康の別心を防ぐうえで、望ましくあったろう）。しかし、この幸せな時間は、三年後の「桶狭間の戦い」により、突如として終わりを告げるのである（後述）。

井伊氏の居城「井伊谷城」跡（静岡県浜松市）

⑨初陣（寺部城攻め）
～勝利を治め、「元康」と改名～

元服後、家康（元信）は駿府にいながら、松平氏の当主として政治的な動きを始める。元服翌年の弘治二年（一五五六）六月二十四日、元信は母・於大の方が創建した大仙寺（愛知県岡崎市）に改めて寺地を寄進し、殺生禁断、竹木伐採、祠堂徳政の免許、棟別・門別・追立夫の免除などの特権を与えた。この文書には元信の書判があり、家康の署名の最初とされる。

また、弘治三年（一五五七）五月三日には、三河国額田郡の高隆寺（愛知県岡崎市）に条々を出し、寺領安堵、竹木伐採の禁止、諸役免除、坊中家来の成敗許可を認めている。その文書には元信の署名とともに花押を据えており、これが家康の花押の初見とされている。人質ながら、家康は本領での権限行使を、ある程度認められていたようである。

そして、弘治四年（一五五八）二月五日、十七歳の家康は、義元の命で岡崎に戻り、今川氏に背いた三河国賀茂郡の寺部城（愛知県豊田市）の鈴木重辰を攻めた。これが家康の初陣であり、岡崎衆を指揮しながら、重辰を本丸に追い込み、勝利を勝ち取った。

十七歳という初陣年齢は、人質という境遇のせいか、やや遅めである。ちなみに信長は十四歳、信玄は十六歳、謙信は十五歳であった。例によって秀吉ははっきりせず、二十四歳で参戦した「桶狭間の戦い」が初陣だったとの説もあるようだ。

さて、家康はこの戦いで、戦略的な決断を示した逸話が残されている。陣中において、家康は、「敵はこの城一つに限るわけではない。あちこちの支城から後詰をされると、大変なことになるから、まずは枝葉を切ってから、根元を絶つべきである」として、城下を放火して引き上げた。

これを聞いた酒井正親、石川清兼といった松平氏の老将は、

「長年戦場で戦っているが、これほどまでの深謀遠慮はできるはずもなく、初陣でこのようなことに気づかれる若大将は、ゆくゆくどれほど素晴らしい名将になることか」と感心したという。

こうした戦略が奏功したのか、寺部城に続き、家康は、東広瀬城・伊保城・梅ヶ坪城を攻め、多くの敵兵を討ち取り、その活躍を見て、岡崎の老将らは泣いて喜んだと伝わる。

この頃から、家康は今川氏からの自立と、松平氏の再興を考えていたに違いない。家康が連勝して岡崎に凱旋した後、義元はその武功に対し、山中郷三〇〇貫の地を返すとともに、腰刀を授けたといわれる。しかし、松平氏の老臣たちが願い出た、岡崎城の城代を撤退させ、家康を岡崎城に帰すこと、と、額田・加茂の旧領地の返還については、義元は応じなかった。

「来年尾張へ攻めようと思っているので、三河との国境を確かめてから領地を引き渡そう」と返答したというが、義元は、成長した（しかも端倪すべからぬ才能を持った）家康を、果たしてどのように扱おうとしていたのか。

領国とした三河国の取りまとめと、敵対する織田氏の防波堤として活用しようとしたのだろうが、余り力を持ち過ぎて自己主張することのないよう、警戒もしていたに違いない。

初陣の成功で自信を得たのだろう、家康はこの前後に、自ら名を「元信」から「元康（もとやす）」に改名している。これは、勇名をはせた祖父の松平清康を慕ってのこととされる。清康は岡崎城を獲得し、三河国のほぼ全域を制圧しているが、そうした祖父の活躍を、家康は、駿府での養育係だった、清康の妻・於富の方からさんざん聞かされていたのだろう。

ともあれ、ここにはっきりと、家康の意志、松平氏当主としての自覚が感じ取れる。この改名を、義元は渋々かもしれないが、禁じなかったようだ。まだ自分の名の一文字「元」が残っているので、よしとしたのだろうか。

今川氏からの自立　1560〜

⑩ 人生を変えた「桶狭間の戦い」
〜駿府に帰らず岡崎城へ〜

永禄（えいろく）三年（一五六〇）五月、今川義元は駿河・遠江・三河の二万五〇〇〇余の兵を率いて、尾張に向け出陣する。その直前の五月八日、義元は三河守に任じられ、名実ともに三河国の支配者となっていた。義元の出陣の目的については、上洛説や尾張制圧説など諸説あるのだが、織田氏への敵対行為であったことは間違いない。織田氏では、織田信秀が天文二十年（一五五一）に病死し、嫡男の信長が跡を継いでいた。

今川軍の本隊は、藤枝・掛川・浜松・吉田・豊橋を経て、五月十七日に三河国知立（ちりゅう）に着陣した。十八日、尾張国の沓掛（くつかけ）城（愛知県豊明市）に入り、翌十九日、織田方が築いた鷲津・丸根両砦を別動隊が攻略したという報を受け、桶狭間（おけはざま）（名古屋市緑区）で休息を取っていたところ、織田軍の急襲を受け、合戦となった。

今川の大軍を、信長はわずか二〇〇〇人ほどの部隊で攻撃し、見事義元の首級を挙げた。なぜ、圧倒的に兵力に劣りながら、織田軍は今川軍に勝利することができたのか。これも諸説あるようだが、『甲陽軍監（こうようぐんかん）』では、「乱取り（勝った側が、戦利品を求めて行う収奪行為）」状態の中に紛れて、織田軍は敵の中枢に接近することができたとしている。

さて、家康（元康）は幸いにして、今川軍本隊とは別行動をしていた。先鋒として、本隊に先んじて駿府を発ち、尾張国に潜入して今川方の拠点の一つ・大高（おおだか）城（名古屋市緑区）へ兵糧を入れ、織田方が守る丸根砦の攻略に加わった後、十九日の未明に大高城に戻り休憩していたのだ。

大高城は、敵地に近く重要な砦であるので、義元は城将の鵜殿長助に代えて、家康にこの城を守らせたといわれる。ところで、大高城に入る直前、家康は阿古屋城に立ち寄り、生母の於大の方に対面している。於大の方が再嫁した同城城主の久松俊勝は織田方に属していたが、大一番を前に一目母に会い、自身の成長した姿を見せたかったのだろう。

家康は於大の方と心行くまで対話し、再婚後に於大の方が産んだ三人の義兄弟とも、親しく言葉を交わしたという（二一九頁系図3参照）。

家康は、二度と会えない覚悟で母と向き合ったのかもしれ

桶狭間古戦場伝説地（愛知県豊明市）　提供：豊明市観光協会

ないが（実際、彼がもし今川軍の本隊に組み込まれていたら、混戦の中で命を落としていた可能性はある）、ほどなくして、於大の方とは、再び一緒に住むことになるのである（後述）。

ともあれ、大高城で家康は、義元戦死の知らせを受ける。伝えたのは母方の叔父・水野信元からの使者・浅井道忠（みちただ）であった。家康にとっても、おそらくは、予想だにしない事態だったろう。道忠は、直ちにこの城を捨て本国（岡崎城）へ帰ることを勧め、家臣らも皆それに賛同したが、家康は少しも慌てずに、

「水野は母方の親族であるが、今は織田方に属しているので、その言葉はすぐには信じがたい。もし嘘であったなら、理由なく城を明け渡したと、人に後ろ指をさされるのは、武門の最大の恥辱である」と言い、冷静になって、情報の収集に努めたようである。

敗れた今川軍は総崩れになって、兵たちは逃走し始めていた。家康は、月が出るのを待って大高城を出ると、歩兵に松明を持たせて、一揆を警戒しながら東に向かい、翌五月二十日、松平氏の菩提寺である大樹寺に入った。岡崎城にはまだ今川勢が留まっていたため、不要の衝突を避けるためだったとされる。

五月二十三日、今川勢が引き上げたのを確かめたうえ、家康は岡崎城へ入った。岡崎城にいた今川方の城番たちも、義元が討ち死にしたと聞いて、取るものもとりあえず、逃げ去ったのである。家康は「捨て城ならば拾わん」と言って、造作もなく入城したという。今川氏の人質として駿府へ出向いて以来、十一年ぶりの帰還であった。

桶狭間で義元がまさかの戦死を遂げ、今川家中は大混乱に陥るに違いない。家督を継ぐであろう、四つ年上の今川氏真（うじざね）に、そんな混乱をすぐに収束させる能力はない、と見て、家康はこれを今川氏から自立する千歳一遇のチャンスと考えたのだろう。

そして、それは正に正しい読みであり、家康の前半生の画期となる大いなる決断であった。

⑪織田信長と同盟締結
～今川氏から離れ、仇敵と結ぶ～

今川氏からの自立を図り、岡崎城に入った家康（元康）であったが、それは何も今川氏と事を構えようとするものではなかった。桶狭間の合戦後、尾張国の大高城・沓掛城では今川方が退去したため、両城は織田軍がすぐに接収するところとなった。

また、三河国にも西加茂郡の挙母（ころも）・梅ケ坪・広瀬、幡豆（はず）郡の西城・東城などに織田方の諸城があり、三河国内のこれらに家康は、翌年にかけて攻撃を加えている。

岡崎城に帰城後、今川氏から付けられていた兵を駿府に帰すに当たって、家康はこう言って送り出したという。

「今回の凶変に元康も驚いている。しかし、信長は大勝利を得て驕り、兵も怠っているから、その不意を討てば、味方の勝利は間違いない。一日も早く出陣されるなら、自分も錆矢（さびや）の一筋も射て、故義元殿の旧恩に報いたい、そう氏真殿に申し上げよ」

岡崎城に入ってしばらくは、家康は今川方のままだったのである。なにせ、妻子を駿府に置き去りにしていたから、めったなことはできなかったのだろう。

ところが事態は動くのである。永禄四年（１５６１）四月十一日、家康は今川方が支配する三河国宝飯(ほい)郡牛久保（愛知県豊川市）に兵を出す。東三河への侵攻を開始することで、反今川の姿勢を明確にしたのである。

それは、氏真に義元の弔(とむら)い合戦を勧めたにも関わらず、氏真がそれに応じなかったからだともいわれる。今までくすぶっていた三河国における反今川勢力が、家康が岡崎城へ帰還したことによって、彼のもとに結集し始めていたこともあったのだろう。家康にしてみれば、西三河のみならず、三河国の統一を志す転機になったのではないか。

一方今川氏真は、この時の家康の行動を「今度松平蔵人（元康）敵対せしむ」「岡崎逆心」と非難している。ちなみに義元の死後、氏真は経験不足を補うため、義元の正室で女戦国大名の異名を取った寿桂尼(じゅけいに)の後見を受けていたとされる（太源雪斎は義元の死の五年前に亡くなっていた）。

さて、この家康の反転を後押ししたのは何といっても、織田氏との同盟であった。永禄四年（一五六一）春、織田方にあった外伯父・水野信元の仲立ちにより、家康と信長は和睦し（領域確定）、同盟を結ぶに至ったのである。

それまで信元は、三河国碧海(へきかい)郡の刈谷城に拠っており、家康と同城をめぐってたびたび争っていたのだが、一転して両氏を結び付ける重要な役割を果たしたのであった（信長から派遣された滝川一益が家康に同盟を申し込んだとも）。

同盟を検討するに当たって、家康が家臣らに意見を聞いた時、酒井忠次（ただつぐ）が、

「当家の微勢をもって、織田・今川の間に自立するのは難しいでしょう。今川氏真はかねてより愚かで気弱なうえ、酒色に耽り、父の仇を討つ志もないので、滅亡は遠くないと思われます。一方信長は、今や並ぶものなき英傑で、その名は全国に及ぼうとしています。信長と事をともになされば、当家の行く末のためにこれ以上のことはありません。幸い向こうから和議を願い出ているので、速やかにお引き受けなさるべきかと」と進言すると、家臣らは皆賛同し、家康もついに同盟を決断したという。時に家康二十歳、信長は二十八歳であった。

清洲城（愛知県清須市）

織田氏との同盟の締結は、永禄五年（一五六二）正月十五日に、信長の居城・清洲城で行われたとされるが（異説あり）、清洲城に出向いた家康を信長は厚くもてなし、

「これからは織田・松平両家の旗を持って、天下を切り取り従わせ、もし信長が天下を統一すれば、貴殿は信長の旗の下に属されるが、貴殿が天下統一を果たせば、信長が貴殿の旗下に入るこ

とになろう」と言って、盟約を結んだと伝えられる。対等の立場での同盟であったことが強調されているわけである。

この同盟は、松平一族を糾合して西三河を早期に平定し、続いて東三河の制圧を狙う家康と、今川氏との戦いを避け、美濃の斎藤氏への攻勢を強めようとする信長の利害が一致した結果とされる。

ともあれ、家康は人質として身を預けていた今川氏から離れ、同じく一時人質となっていた、松平氏の仇敵・織田氏と手を組んだのであった。そして、この同盟は、信長が「本能寺の変」で討たれるまで、二十年余りも続くのである。

さて、織田氏との和睦で西側の憂いが無くなった家康は、東三河の今川方への攻撃を強化させる。四月の牛久保に始まって、五月には八名(やな)郡宇利(うり)・設楽(したら)郡富永口、七月・八月には八名郡嵩山(すせ)、十月には設楽郡島田など、東三河各地で、家康軍と今川軍の激戦が行われたのである。

⑫将軍・足利義輝からの要望
〜「早道馬」を提供する〜

家康（元康）と今川氏の激しい抗争は、室町幕府の将軍を動かすまでになる。永禄五年（一五六二）正月二十日、室町幕府第十三代将軍・足利義輝(よしてる)が今川氏真宛てに、家康と和睦するよう御内書を出しているのだ。おそらく、家康にも同様の御内書が出されたものと考えられている。

当時の室町幕府は衰えたとはいえ、足利将軍の権威はそれなりに維持されていた。義輝はその権威をもって、全国の戦国大名間の紛争に対して、調停を行っており、松平・今川の争いについても調停に乗り出し、公家の三条西実枝らを和睦工作のため、現地に送り込んだのだった。

その御内書の中で、義輝は「関東への通路が妨げられている」としており、両者の争いは京都から見ても憂慮すべき状態になっていたのだろう。

さらに義輝は、北条氏康・武田信玄にも御内書を出し、松平・今川和睦のために尽力するよう協力を求めている。

ちなみにこの前年の永禄四年（一五六一）はじめ、義輝は複数の武将に「早道馬」を所望しているが、家康はすみやかにそれに応じ、誓願寺（京都市中京区）の僧・泰翁を通じて「早道馬」を献上している。早道馬とは、飛脚に使う馬のことである。

誓願寺（京都市中京区）

同年三月二十八日付の泰翁宛ての書状で、義輝は元康から献馬があったこと、信長にも所望したがまだ来ないと記している（北条氏康は六月、信長は十二月にようやく献馬している）。家康の献上した馬は「嵐鹿毛」といい、並ぶもののない俊足の名馬だったという。

三河国出身であった泰翁は、その後も公家の人々と家康との仲介などに尽力し、その功績により、家康から三河国岡崎に寺地を与えられ、泰翁院誓願寺を建立している。

今川氏は足利将軍家と関わりが深かったから、家康は駿府にいる間に、将軍家の権威について好意的に教わっていたはずである。そういうこともあってか、家康は少しでも早く要望に応えることで、将軍の覚えをめでたくしようと考えたのかもしれない。もっとも、後述するように、義輝は数年後、将軍在位のまま殺害されてしまうのであるが。

ともあれ、この時期には、家康は足利将軍や、武田信玄・北条氏康からも一目置かれる、いっぱしの有力武将の仲間入りをしていたのである。家康はまだ二十一歳であった。

⑬今川氏との人質交換
～妻子を岡崎に引き取る～

将軍・足利義輝から今川氏との和睦を促された家康（元康）であったが、早道馬の時と違って、素直には従わなかった。その後も今川氏との抗争を続け、永禄五年（一五六二）二月、三河国宝飯(ほい)郡の上之郷(かみのごう)城（愛知県蒲郡(がまごおり)市）を攻め、城主の鵜殿長照(うどのながてる)を殺害し、長照の二子を捕虜にした。

長照の母は、今川義元の妹であり、長照と氏真とは従兄弟関係にあったので、家康はこの二子と駿府にいた自分の妻・築山殿、嫡男・信康、長女・亀姫との交換を今川方に提案し、それを実現させた

（家康の家臣・石川数正が駿府に出向き、氏真を説得したという）。

家康は、桶狭間の合戦後、駿府へは帰らず、今川氏の許可を得ずに岡崎城へ入ったが、へたをすれば、駿府に残した妻子が命を危うくすることを覚悟していただろう。一方で、彼らを助け出すチャンスが訪れることを期待もしていたのではないか。

なぜなら、自らも織田氏の人質になった時、父・広忠は織田氏から服属を迫られても、頑として応じず、命を奪われかねない事態に陥ったが、のちに織田氏と今川氏の人質交換で、三河への帰還がかなったことがあったからである（すぐに今度は今川氏の人質として駿府へ向かわされたが）。

こんな逸話もある。家康が織田氏と講和したと聞いた今川氏真は、激怒し、使者を岡崎に送り、

「駿府に留め置いている妻子を殺害したうえで、領国へ出馬して事態を糾明する」と伝えてきた。

これに対して家康は、

「長年、故義元殿から受けた御恩は並大抵ではない。しかし、尾張は隣国の強敵なので、策略上当分の間和睦の体裁を取っているのであり、氏真殿が父の仇を討つため、尾張に出陣ある時は、たびたび申し上げているように、いつでも先陣をつとめ、鏑矢を一筋射掛ける所存である」と、相手を欺く返答をしたところ、これを伝え聞いた氏真は、家康の言葉を信じて、築山殿と子供たちの命を奪うことを思い留まったという。

しかし、築山殿にしてみれば、家康の駿河出奔に対し、なんという勝手なことをしてくれたのか、という思いがあったのではないか。というのも、家康が今川氏の宿敵・織田氏と同盟を結んだことで、

上之郷城跡（愛知県蒲郡市）　提供：蒲郡市観光協会

築山殿の父・関口義広は氏真の怒りを買い、正室と共に自害したのである。

さらに、である。人質交換によって、築山殿と子供たちは岡崎に引き取られたが、築山殿だけは岡崎城には迎え入れられず、城下の惣持尼寺に留め置かれた。これは、今川氏に深い恨みを抱く家康の実母・於大の方が、築山殿を岡崎城に入れることに、頑なに反対したからだといわれる。

桶狭間の合戦後、於大の方の後夫・久松俊勝が家康に臣従したことから、彼女は家康によって岡崎城に迎えられていたのである。しかし、見方を変えれば、家康が今川氏を離反した段階で、今川氏の縁者である築山殿は、当時の習慣からして離縁されても、おかしくはなかった。それをしなかったのは、家康にとって築山殿は、父・元忠にとっての真喜姫同様、離縁するには忍びない存在だったのだろう。

結局、築山殿は惣持尼寺で幽閉同然の生活を長年にわたって送り、岡崎城に入ることが赦されたのは、元亀元年（一五七〇）四月下旬のことであった（彼女が「築山殿」と呼ばれるのは、同寺の所在する地名にちなんでのことである）。しかし、その九年後、彼女は極めて不幸な最期を迎えることになるのである（後述）。

⑭ 嫡男・信康と信長の娘・徳姫の婚約
～政略結婚で同盟強化を図る～

永禄六年（一五六三）三月二日、家康（元康）の嫡男・信康と信長の長女・徳姫の婚約が成立した。信康は永禄二年（一五五九）三月六日の生まれ、徳姫は同じ年の十一月十一日生まれで、二人は同い年であった。もっとも、二人ともまだ五歳の幼児であったから、正式に結婚するのは、永禄十年（一五六七）になってからである（それでも、まだ九歳同士であったが）。

当人らに結婚の意志があるはずもなく、もとより、信長と家康の合意に基づくものであった。家康もまた、当時の武家の常識に沿って、お家存続のため、政略結婚に手を染めたのである。

この婚姻により、松平氏と織田氏の同盟はさらに強化された。以後、家康は東三河の平定をさらに進め、松平氏諸将の三河国内における異動を積極的に行った。また信長もこの年、美濃国斎藤氏への攻撃を本格化すべく、本拠を清洲城から美濃に近い小牧城へ移している。

さて、徳姫の母親は、織田氏の家臣で尾張国小折城（愛知県江南市）城主・生駒家宗の長女、吉乃であった。信長が吉乃を側室にしたのは、弘治二年（一五五六）頃とされる。彼女は信長より六つほど年上で、じつは、はじめ美濃国の土田弥平次という人物に嫁いでいた。

ところが、同年の長山城（岐阜市）の戦いで弥平次が戦死したため、実家に帰っていたところを信長に見初められたとされる。信長の正室である帰蝶には、子が無かったが、吉乃は結婚後、次々と信長の子を産む。長男・信忠、次男・信雄に続いて生まれたのが、徳姫だった。

しかしながら、吉乃は徳姫を産んだ後病身となり、信康と徳姫が結婚する前年の永禄九年（一五六六）に亡くなっている。

ちなみに嫡男・信忠は、永禄十年（一五六七）十二月、織田氏と武田氏の同盟維持強化のため、武田信玄の六女・松姫と婚約したが、その後、織田・武田同盟が破綻したことで、婚約は解消になったとされる。信忠は正室を待たぬまま、天正十年（一五八二）の「本能寺の変」において、二十代半ばで命を落とすことになる。

ともあれ、家康にとって、嫡男・信康の正室として、信長の嫡男の同母妹である徳姫は、同盟強化の上で、願ってもない相手であった。二人がたまたま同い年だったことを、家康は幸運だと思ったに違いない。しかし、この結婚が、のちに妻子を失う災難に繋がろうとは、この時点の家康には思いも寄らなかったろう（後述）。

⑮「元康」から「家康」へ改名
～今川氏と完全に決別する～

「徳川幕府家譜」によると、永禄六年（一五六三）七月六日、元康は名を「家康」に改めたとされる（一次資料では、十月二十四日付の宛行状に「家康（花押）」の署判があり、六月に「元康」署名の安堵状があることから、改名はその間のことと考えられている）。

さて「元康」の名は、今川義元の偏諱により「元」を授かったものであったから、この名を捨てることで、家康は名実ともに今川氏から独立したのであった。この頃には、三河国内での今川氏との戦いも有利に進んでいたのだろう。

家康の改名は、四回目のことであった。竹千代に始まり、元信、元康を経て、ようやく最終の名「家康」に落ち着いたのであった（姓はまだ松平のままであったが）。それぞれの名前の使用期間は、「竹千代」が十四年間、「元信」が三年間、「元康」が五年間であった。そして「家康」は、亡くなるまでの五十三年間にわたって使われることになる。

ちなみに後年、家康に続く十四人の徳川将軍のうち、十一人の名に「家」が付くのは、もとより偉大な初代将軍・家康にあやかってのことである（二二二頁「徳川幕府歴代将軍一覧」参照）。

ところで、なぜ「元」に変えて「家」を使ったのかは、はっきりしないようだ。一説によると、母・於大の方の再婚相手である久松俊勝の旧名「長家」から取ったという。俊勝を父親代わりとして、その偏諱を用いたというものだが、真相はどうだったか。

前述したように、桶狭間の合戦後、俊勝は家康に従っており、後年大大名となった家康を憚って、逆に「長家」を「俊勝」に改めたともいわれる。

しかし、重要だったのは、「家」の字の選択より、むしろ、「元」の字を捨てることのほうにあったのではないか。この改名によって、家康は今川氏との決別を、松平氏のみならず、対外的にも大いにアピールしたのだろう。

⑯「三河一向一揆」を鎮圧
～一家分裂の危機を乗り越える～

織田氏と同盟を結んだことで、永禄六年（一五六三）には東三河の平定も進み、三河国の統一も近いかと思われた同年九月、家康はとんでもないピンチに見舞われる。世に言う「三河一向一揆」が勃発したのである。

一向一揆とは、一向宗（浄土真宗本願寺教団）の信徒たちによる権力への抵抗運動であるが、十五世紀末の加賀一向一揆以来、全国各地で発生していた。

三河一向一揆の原因については、松平氏による不入特権侵害説、松平氏の流通市場介入説、兵糧米徴収をめぐる偶発説など諸説ある。ただ、三河統一を目前にしていた家康側から仕掛けることは考えにくいので、偶発的な要素が大きいと考えられている。いずれにしろ、三河国の分国支配を目指す家康にとって、寺内町（じないちょう）（寺院を中心につくられた門前町）の建設などを通じて、地域の流通機構を掌握する本願寺教団は、いつかはぶつからなければならない相手であった。

さて、今川氏との戦いと違って、家康を悩ませたのは、松平家臣団が敵味方に二分される事態に陥ったことであった。というのは、一向宗徒には一般の農民・非農業民が多かったが、土豪層や有力武士層も少なくなかったのである。

松平氏の家臣では、渡辺氏はほぼ一家を挙げて一揆方に加わり、石川氏・本多氏・内藤氏・鳥居氏のように、一族が一揆方と家康方に分かれて戦ったところもあった（石川数正は改宗して、弟・家成とともに家康方に付いている）。

家康を攻撃してきた一揆側の渡辺半之丞を、渡辺の従弟の内藤正成が弓で射殺したとか、家康に危機が迫った時、一揆側にいた土屋長吉重治という者は、

「私は宗門に属しているとはいえ、主君の危機を見て救わないのは不本意である。万一地獄に落ちるとも何ら厭わない」と言って、味方を裏切り一揆の陣に攻めかかり戦死した、といった逸話が残されている。

一揆方の拠点は、三河三箇寺と呼ばれた上宮寺（じょうぐうじ）（愛知県岡崎市）・本証寺（ほんしょうじ）（同安城市）・勝鬘寺（しょうまんじ）（同岡崎市）の三カ所であった。一揆は西三河全域に広がり、家康は一揆方に攻撃を仕掛けつつも、自分に味方した家臣らに徳政令を出し、本願寺派の寺院などからの債務を免除し、懐柔・つなぎ止めに苦心したようである。

永禄七年（一五六四）一月、家康は一向一揆をなんとか鎮圧し、和議に持ち込んだ。一揆を指導すべき本宗寺（ほんしゅうじ）（愛知県岡崎市）の住職・証専（しょうせん）が不在で、一揆軍の統率が不十分だったことが家康側に幸いしたとされる。和議をしたうえで、家康は、本願寺の寺院に他宗への改宗を求め、応じない場合は破却した。

また、紛争中に出した徳政令が、和議後、一向宗側に問題視され、家康は妥協策を打ち出したものの、結局は家臣らとの約束を守るため、本願寺の弾圧に走ることになったとする見方もある。いずれにしろ、三河国は以後二十年近く、本願寺教団禁制の地となった。

さて、ここで家康は英断を見せる。ふつう、自分に歯向かった家臣など極刑に処してしかるべきだろう。しかし、家康は彼らに寛大な措置を施したのである。度量の広さを見せることで、家中の結束を高めようとしたといわれるが、実際、事態はその通りになる。

本多正信などは、一旦は三河国から出奔し、のちに許されてシャーシャーと家康の下に帰参しているが、家康の天下取りに向けては、名参謀として大きな働きを見せるのである。

また、後年家康が加藤清正と面会した際、互いの一揆鎮圧に話が及ぶと、家康は、家臣の一人を呼び寄せて、

「私もかつて領内で一揆が起こり日々苦戦した。この者たちも弓を持って私に近づき、今にも射ようとしたが、私に睨まれて弓を捨て、逃げて行ったものだ」と言ったところ、清正は自分の武功などいうほどのこともない、と恥じ入ったという。

ともあれ、二十二歳の戦国武将・家康にとって、三河一向一揆は苦くも得るところの多い戦いであったろう。

⑰ 一宮砦の後詰
～寡勢で多勢に立ち向かう～

三河一向一揆を鎮圧した家康は、永禄七年（一五六四）春以降、東三河の侵攻を再開させた。一向宗徒との激しい戦闘によって、当然疲労もあったろうが、家康の、三河統一への思いは弱まるどころか、むしろ強まったようである。

侵攻の状況は、西郷清員（六月五日）、田原城宝寺恵慶（同十一日）、酒井忠次（同二十二日）、本多広孝（同二十五日）、河合宗在（七月二十日）、松平周防守（同二十四日）、松平清宗（八月六日）、運昌寺（同十二日）、戸田忠資（十一月十六日）、船大工甚左衛門（同月）、高隆寺恵定坊（十二月）に宛てた、家康の発行文書（土地宛行等）によって伺うことができる。

そして、永禄八年（一五六五）三月、家康はようやく東三河の吉田・田原城を攻略する。それまで吉田城（愛知県豊橋市）には小原鎮実（大原資良とも）が、田原城（同田原市）には朝比奈元智が今川方の武将として入っていたが、その頃の出来事として、有名な一宮砦（愛知県豊川市）の逸話が伝えられている。

吉田城（愛知県豊橋市）　（一社）豊橋観光コンベンション協会

家康は今川氏の侵攻に備えて、両城の周辺にいくつか砦を築いていて、そのうちの一つが一宮砦だった。今川氏真は吉田城を防御するため、二万の軍勢で一宮砦を攻め囲んだ。砦は徳川方の本多信俊が五〇〇余の兵とともに守っていたが、絶体絶命のピンチである。その知らせを受けた家康は、二〇〇〇の兵を率いて救援に向かおうとする。

家臣らは、敵の人数は味方の十倍、よくよくお考えになったらよいのでは、と進言するが、家康は、こう反論する。

「家臣に敵地の番をさせておきながら、敵が攻めてくると聞いて、救おうとしないのは、信も義もない。万一、後詰（ごづめ）に失敗して討ち死にしても、それは天命である。兵の多い少ないは関係ない」

そして、馬を責め立て出陣すると、敵軍の包囲を見事突破して、砦を救援したという。

常に冷静沈着で、無謀なことはしないイメージのある家康だが、若い頃から、武士たるもの、いつどこで命を落とすか分からない、という覚悟は持っていたようである。実際、彼の生涯において、この時以外にも、「姉川の合戦」や「三方ヶ原の戦い」など、寡勢で多勢に立ち向かうシーンが時に見て取れるのである（後述）。

後年、ある古老に一宮砦の後詰を、日本中の美談と称えられた時、家康は「若気の至り」と謙遜したというが、実は確信を持っての行動だったのかもしれない。

さて、両城攻略後、家康は吉田城に酒井忠次を、田原城に本多広孝をそれぞれ城代として配置した。また、本多重次（しげつぐ）・高力清長（こうりききよなが）・天野康景（やすかげ）を三河の三奉行として、民政・訴訟を担当させたといわれる。本多は決断力に優れ、高力は思いやりがあり、天野は寛大で思慮深いというように、性質が三者三様であり、それぞれの才能を生かした抜擢は、家康の人選の妙だったと評されたようだ（三河三奉行については近年異説あり）。

吉田・田原城を落としたことで、家康は今川氏に対して俄然優位に立った。そして翌永禄九年（一五六六）五月、最後まで抵抗していた牛久保城（愛知県豊川市）の牧野成定（なりさだ）が投降し、これにより家康は、祖父・清康以来となる三河一国（矢作川（やはぎがわ）以東）の統一に、ついに成功したのであった。しかし、家康の勢いは、もはや三河一国ではとどまらなかった。

⑱家臣団を編成する
～「三備え」と呼ばれた強力軍制～

三河国の統一に至るまで、家康はどのような態勢で戦に挑んだのか。家康が採用したのは、「三備え」と呼ばれる軍制で、家康直轄の旗本、酒井忠次（ただつぐ）を旗頭とする東三河衆、石川家成（いえなり）（のちに石川数正）を旗頭とする西三河衆の三つの部隊で編成されていた（永禄末年頃）。

ところで、当時の家康家臣団は、三河譜代・松平一族・三河の国衆などによって成り立っていた。三河譜代は、代々家康の家系を支えた一族で、家康家臣団の中核をなしていた。石川氏・酒井氏・大久保氏・本多氏・加藤氏・天野氏・渡辺氏・内藤氏・鳥居氏などが上げられる。

松平氏には前述したように同族が多く、同族間の勢力争いもあったが、家康は、三河一向一揆の後には、ほぼこれらを従属させている。松平郷松平氏・能見松平氏・竹谷松平氏・形原松平氏・大草松平氏・深溝松平氏・福釜松平氏・藤井松平氏・五井松平氏・桜井松平氏・大給松平氏・瀧脇松平氏・長沢松平氏・三木松平氏などである。

三河の国衆とは、三河国内の土豪的領主のことで、互いに団結して上位の権力に対抗もする独立的な存在であったが、家康は彼らをうまく家臣団に取り込んだ。菅沼氏・奥平氏・西郷家・設楽家・戸田氏・牧野氏・鵜殿氏・鈴木氏・三宅氏・水野氏などである。

このうち、家康が一番信頼を置いていたのは、やはり三河譜代の面々であった。話を「三備え」に戻すと、東三河衆、西三河衆の旗頭であった酒井忠次と石川家成は三河譜代である。忠次の下には、三河譜代として本多忠次、松平一族として松平忠正（桜井）・松平康忠（長沢）・松平家忠（深溝）など、三河国衆として設楽貞通・菅沼定盈・西郷家員などが配置された（ちなみに松平家忠は、家康の行動を知る上での基礎資料、『家忠日記』の筆者である）。

また、家成の下には、三河譜代として内藤家長・酒井忠利・平岩親吉など、松平一族として松平真乗（大給）・松平信一（藤井）など、三河国衆として鈴木喜三郎・重愛などが置かれたのである。

そして、特筆すべきは、旗本内に馬回衆とともに置かれた旗本先手役であろう。家康直属の機動部隊で、メンバーに選ばれたのは、三河譜代のうち、家康の幼少時代から側近として仕えた本多広孝・鳥居元忠・本多忠勝・榊原康政・大久保忠世らであった。

彼らは城下に常駐し、家康の護衛だけでなく、積極的に戦闘にも参加した。旗本先手役を置くことで、家康は他氏を圧倒する力を得たとされる。本多忠勝と榊原康政は、のちに登用される井伊直政とともに、徳川の三傑（三人衆）と称された（この三人に酒井忠次を入れて、徳川四天王と呼ばれることもある）。

家康はその後、領土の拡大に伴い、滅ぼした氏族の遺臣を次々と登用し、三河譜代を核とする家臣団の層を厚くして、さらに軍事力を強め、天下統一への道を進んでいくのである。

⑲ 足利義昭からの上洛要請
～目下の問題を優先する～

永禄八年（一五六五）五月十九日、京都で大変な事件が起こる。将軍・足利義輝が二条御所（京都市上京区）において、松永久通（ひさみち）や三好三人衆（三好長逸（ながやす）・三好宗渭（そうい）・岩成友通（ともみち））らによって殺害されたのである（永禄の変）。家康が義輝に早道馬を献上して三年が経っていた。

大和で仏門に入っていた、義輝の一つ違いの弟・義昭（よしあき）は、幕臣であった近江の和田惟政（これまさ）のもとに身を寄せ、足利将軍家の当主となることを宣言する。そして、全国の有力武将らに書状を送り、上洛への協力を呼び掛けたのだった。

同年十月、足利義昭は家康にも協力を求めて来た。これに対し家康は十一月二十日、

「当国の義は疎意なし（疎んじることはない）」「重ねて御意を得たい」と返答したが、自ら腰を上げることはなかった。

義昭は家康以外に、武田信玄・毛利元就（もとなり）・北条氏康・由良成繁・荻野直正・根来寺（ねごろじ）・織田信長・上杉輝虎（謙信）・朝倉義景・武田義統（よしずみ）・顕如（けんにょ）・島津貴久・島津義久などに書状を送っていた。しかし、いずれも国内に問題を抱えるなどして、受け入れを拒んでいた。

家康にしても、ちょうど東三河の平定に注力していた時だったから、これら武将らの対応を見て、自ら積極的には動かなかったのだろう。敢えて、火中の栗は拾わなかったのである。義昭は各地を転々とした挙句、永禄十年（一五六七）十一月に越前一乗谷（福井県福井市）の朝倉義景のもとに行きついたのであった。

家康が義昭と初めて対面するのは、これより五年後、永禄十三年（一五七〇）三月のことである。信長の力で上洛を果たした義昭は、第十五代将軍に納まっていた。信長の命で上洛した家康は、将軍・義昭の前で、家臣の騎乗などを披露するのである。

一乗谷朝倉氏遺跡（福井県福井市）

⑳「徳川」に改姓し、本姓を「藤原」とする
～名実ともに三河国の戦国大名に～

永禄九年（一五六六）十二月二十九日、家康は従五位下三河守に叙任され、姓を「松平」から「徳川」に変え、本姓を「藤原」とした。正親町天皇により叙任が勅許されたのは、翌永禄十年（一五六七）一月三日のことであった。

三河国を平定した家康にとって、叙任・任官は、駿河の今川氏真や甲斐の武田信玄に対抗するためにも、喉から手が出るほどほしいものであったろう。ただし、叙任されるためには、由緒正しい家系でなければならなかった。

松平氏では先例がないため、叙任は難しいと知った家康は、家系の書き換えに知恵を絞った。しかし、それはスムーズには運ばなかったようである。

朝廷への働きかけは、関白・近衛前久を通じて行われたが、三河国の出身で誓願寺の住職・泰翁（とその弟子・慶源）が仲立ちをしている。泰翁は将軍・義輝への献馬の際にも動いており、家康は彼らの人脈を通じて運動したのであろう。

家康は、近衛氏の家来であった、源氏新田氏庶流の徳川（得川）に改姓しようとしたが（家康の祖父・清康が、一時徳川氏庶流の世良田氏を名乗ったことがあったようだ）、正親町天皇は、やはり先例が無いので公家にはできないとの意向を示した（二一八頁系図2参照）。

吉田兼右ゆかりの吉田神社（京都市左京区）

ところが、戦国大名と親交の深かった神道家・吉田兼右（かねみぎ）が、徳川の筋に藤（藤原）氏になった先例を探し出し、家康は藤原姓とすることで、ようやく天皇の勅許を得ることができたのだった。

ちなみに、兼右は万里小路家（までのこうじけ）の旧記の中から先例を見つけ、それを「ハナカミ」に写し取って、前久に渡し、前久がそれを系図に仕立てて、天皇に提出したところ、勅許が下ったという。随分と御親切な人たちと思えるが、それだけ家康からの働きかけが強力だったのだろう。また、彼らにとっても、家康は肩入れするに値する、将来有望な人物であったに違いない。

ところで、「松平」から「徳川」への改姓は、家康の一家のみで、松平の諸家は「松平」姓のままに留め置かれた。これは、自身の家系が別格であり、「十八松平」と呼ばれる諸家は、徳川氏の親族ではなく、家臣の格であることを、内外に明確に示すためであったといわれる。

ともあれ、この叙任・任官により、家康は二十五歳にして、名実ともに三河国の戦国大名としての地位を確立したのだった。桶狭間の合戦から七年が経過していた。

3章 遠江侵攻 1568～

㉑武田信玄と同盟締結 ～違約した信玄に噛みつく～

三河国の統一を果たし、三河守に叙任された家康は、ひとまずは達成感を得たのではないだろうか。三河国の一武家・松平氏の嫡男で、長く今川氏の人質であったことを考えれば、上出来の出世と言うべきであったろう。

しかし、翌永禄十一年（一五六八）二月、家康は甲斐国（山梨県）の武田信玄と同盟を結び、今川氏が支配する遠江国（静岡県西部）への侵攻を開始するのである。二十六歳の家康は、さらなる野望を抱き始めたのだろうか。あるいは、好むと好まざるに関わらず、周辺の地政学的環境が、家康を三河国のみの統治者として、留め置かなかったのだろうか。

まずは、この当時の東海・関東地域の状況を見ておく必要がある。前述したように、十数年前から甲斐の武田氏、駿河の今川氏、相模の北条氏の間で、婚姻を通じた、いわゆる甲相駿三国同盟が結ばれていた。

ところが、今川義元の死後、その機に乗じて武田信玄は、駿河国（静岡県中東部）への侵攻を図るようになり、今川氏真の妹（嶺松院）を室としていた信玄の嫡男・武田義信（よしのぶ）との関係を悪化させた。武田家中は信玄派と義信派に二分されるが、永禄八年（一五六五）、信玄は先手を打つ形で義信を幽閉し、永禄十年（一五六七）十月、義信は自害するに至った。そんな武田氏の不穏な状況に、今川氏真は警戒感を持ち、信玄のライバル、越後の上杉輝虎（謙信）と同盟交渉を始める。

その動きを察知した信玄は、それを駿河侵攻の絶好の口実と考えるようになった。

そうした状況下、家康は武田氏と同盟を結ぶのである。織田氏に続く有力大名との同盟であった。永禄八年（一五六五）に、東濃地域の領域調整に絡んで、武田氏と織田氏は同盟を結んでいたから、信長の後押しがあったのかもしれない。

信玄にしてみれば、駿河へ侵攻すれば、東から北条氏の介入が考えられるので、西側の抑えとして家康を利用したかったのだといわれる。やはり家康も、領土拡張のチャンスと見たのだろう。戦国大名としては当然の感覚だったのではないか。

永禄十一年（一五六八）十二月六日、信玄は甲府を出陣し、駿河侵攻を開始した（第一次駿河侵攻）。それに呼応して、家康も本坂峠（ほんざか）を越えて、今川氏の支配下にある遠江に侵攻したのであった。家康は、今川氏旧臣の菅沼忠久・近藤康用（やすもち）・鈴木重時らを案内役として、井伊谷（いいのや）筋を押さえ、久野城（くの）（静岡県袋井市）の久野宗能（むねよし）、二俣城の鵜殿氏長、犬居城（いぬい）（静岡県浜松市）の天野藤秀、高天神城の小笠原氏助などを次々と投降させていった。

正に快進撃であったが、武田氏との関係で行き違いも起こっていた。というのは、武田方の武将・秋山虎繁が、伊那衆（信濃衆）を率いて信州から北遠江に侵入し、見付で徳川軍とぶつかったのである。家康は、これは違約であると、敢然と抗議する。二十一歳年上の、天下の猛将・信玄に弱冠二十七歳の家康は噛みついたのである。

違約だという限りは、それまでに両者の間で何らかの取り決めがあったということであり、通説では、互いの領地を、大井川を境として東側の駿河を信玄、西側の遠江を家康とするとの申し合わせであったとされる。これについて、こんな逸話が残されている。

信玄が「約束した『川切り』とは、（大井川ではなく）天竜川を国の境とすることである」とうそぶいたのに対し、家康は「天竜川は我が城の堀のようなもの。どうして国の境などにできようか」と反駁したという。

ともあれ、家康の剣幕にたじろいだのか、さすがの信玄も、永禄十三年（一五六九）一月八日の家康宛ての書状で、遠江を狙っているかとの疑念を抱かせてしまったとして、秋山らを駿府へ移動させると伝えたのであった。もっとも、信玄は駿河を速やかに抑えられれば、続いて遠江へ侵攻しようと考えていたようであり、北条氏の素早い駿河への介入により、予定通りには進まなかったが、秋山らの北遠侵攻は、確信犯的な行動だったのだろう。

㉒掛川城の今川氏真を攻める
～和睦に持ち込み、信玄の怒りを買う～

武田信玄の駿河侵攻は、当初は順調に進んだ。事前に今川家臣への調略を行い、武田側に寝返った者は「駿河衆」と呼ばれ、武田軍の先鋒として活躍するようになる。永禄十一年（一五六八）十二月十二日、今川氏真は駿府を出て、武田軍を迎え撃つも敗退し、駿府の今川館も火を掛けられたため、遠江の掛川城（静岡県掛川市）へと逃亡した。

その際、氏真の正室・早川殿は乗り物にも乗れない状況だったので、それを伝え聞いた彼女の父・北条氏康は「この恥辱すすぎがたく」と立腹した。

信玄は、同年十二月二十二日の家康宛て書状で、すみやかな遠江への出陣に満足していることを伝えるとともに、掛川城の氏真を攻めるよう要請している。秋山隊の北からの遠江侵攻に怒りを露にした家康であったが、同月二十七日、信玄の要請に従うように掛川城を包囲した。

前述の秋山虎繁隊を駿河に引き揚げさせる旨の信玄の書状が、家康のもとに届いたのは、年が明けた永禄十二年（一五六九）一月八日のことである。そして、その直後から、家康は氏真の籠る掛川城への攻撃を本格化させたのであった。

駿府で少年時代を共に過ごした（御曹司と人質という関係であったが）四つ年上の氏真を、直接的に攻撃することは、家康にとって複雑な思いがあったであろう。家康は今川方から投降した部隊を前線に送って攻撃を強めるが、今川方も善戦して三月に入っても掛川城は落ちなかった。

ここで家康は力攻めを見直し、和睦の道を探るようになる。三月八日、今川家臣の小倉勝久に対して和睦の申し入れを行った。家康と今川氏の縁を説いたうえで、遠江は家康が取らなければ、必ず信玄が取ることになる。家康に遠江を下されば、北条氏と申し合わせて信玄を追い払い、氏真を駿府に戻しましょうと。おそらく、それは家康の本心だったのではないか。

この頃、信玄率いる武田軍は、当初こそ順調に進軍し駿府を落としたが、その後、今川氏支援のため東から侵攻した北条軍と、抵抗を続ける今川軍によって、駿河に閉じ込められる格好になってしまっていた。進退窮まった信玄は、信長を頼って足利義昭を動かし、甲斐へ侵攻の動きがあった上杉氏との一時的な和睦を図った。そして、永禄十二年(一五六九)四月二十四日、駿府から撤退し、甲府へと戻るのである。

家康の和睦の申し入れは、こうした駿河の戦況を踏まえたものだったのである。北条氏康も、家康と氏真との和議が進むことを期待する旨の書状を、家康の家臣・酒井忠次宛てに送っている。

掛川城(静岡県掛川市)

家康と氏真の和議は順調に進み、家康と北条氏との起請文も交わされ、同年五月十五日、氏真は家臣たちの命と引き換えに、掛川城を開城した。氏真は早川殿とともに、義父・北条氏康を頼り、駿河の蒲原（かんばら）を経て伊豆国の戸倉城（静岡県清水町）に入った（大平城とも）。これをもって、今川氏は事実上滅亡したのである。

家康は、松平家忠に命じて、氏真らを駿河の北条氏のもとまで送らせたが、北条、今川両氏の者たちは皆、それを見て「徳川殿は誠に思いやりにあふれた大将」と、感心したという。

この事態に歯ぎしりしたのは信玄だった。五月二十三日付けで信長に書状を出し、「掛川城を落城させたならば、氏真を討ち果たすか、虜囚として三河国か尾張国へ送るべきところ、家康は誓詞に背いて北条氏と手を打ち、氏真らの駿河への移駐を許すとは思いも寄らないことであった。これを貴殿はどう考えるか」と信長を詰問している。

もっとも、続けて、

「ただし、済んでしまったことはどうしようもないので、せめてこの上は、氏真・北条氏康・氏政父子への敵対を露にするよう、貴殿より（家康に）きっと催促してほしい」とちょっとトーンを落として懇願している。しかし、この信玄からの要請を、信長は家康に伝えなかったようだ。

掛川城の開城後、家康は同城に石川家成を入れた。そのため、西三河の旗頭は家成に代わって、家成の甥の石川数正が務めることになった。

㉓信長の「越前朝倉攻め」に従軍
～信長とともに朽木越えで逃げ帰る～

一端甲府へ戻っていた信玄は、永禄十二年（一五六九）六月、北条氏への攻撃を開始する。いわゆる「第二次駿河侵攻」である。武蔵国の北条氏の拠点をたたいた後、同年十二月、再び駿河国へ攻め込んだ。その後、武田氏の駿河侵攻は順調に進み、翌永禄十三年（元亀元年）二月二十二日、駿河国の中西部を支配下に置いたところで、信玄は甲府に帰還した。

元亀元年（一五七〇）は家康にとって、重要な事件が多発する年であった。まずは、四月に信長が越前朝倉攻めを行い、それに従ったことである。

永禄十二年（一五六八）九月、信長は足利義昭を奉じて、入洛を果たしていた。信長の上洛は、同盟者である家康にとっても、同慶の至りであったろう。その時、家康自身は参加せず、代理として松平信一（のぶかず）（藤井松平氏）に二〇〇〇の兵を持たせて上洛軍に参加させた。

岐阜を出陣した信長は、抵抗する近江国の六角氏を追い払い、入洛後は三好三人衆の勢力を京都から駆逐した。信一は六角氏の居城・箕作（みつくり）城（滋賀県東近江市）の攻略で、抜群の働きをしたので、信長から「肝に毛の生えた豪胆な武士だ」と称えられ、信長の着ていた道服（公卿など身分の高い者が着る衣服）が与えられたという。

永禄十二年十月十八日、義昭は征夷大将軍に補せられ、室町幕府第十五代将軍の座に就いた（三好三人衆によって擁立されていた第十四代将軍・足利義栄は、同年二月に阿波で死去していた）。
翌元亀元年（一五六九）四月、信長は義昭のために二条城（旧二条城／京都市上京区）を築いた。
さらに信長は、諸国の大名に上洛して将軍を礼賛するよう命じるが、越前の朝倉義景はそれに従わなかった。義景は若狭国の内乱に介入し、同国内の反朝倉派が信長を頼る動きもあったため、信長は越前への侵攻を決めたのだった。

家康は信長に従って、元亀元年（一五七〇）二月三十日に京へ入っている。生まれて初めての入洛であった。「東の京都」と呼ばれた駿府に長く住んだ家康の目に、京都の街はどう映ったか。やはり、本物は違うと感じ入ったかもしれない。

三月十七日には、前述の通り将軍・義昭に家臣の騎乗を披露している。今や家康は、弱冠二十九歳にして、三河・遠江二国を治める堂々たる戦国大名であった。家康にとって、今回の上洛は、同盟相手の信長のみならず、将軍・義昭の顔を立てるためでもあった。

四月二十日、織田・徳川連合軍は越前へ向けて出陣する。織田軍には、信長の家臣として木下秀吉や明智光秀が参加していた。のちに天下取りを巡って火花を散らすことになる彼らに対し、家康はいかなる第一印象を抱いたであろうか。

さて、信長らは敦賀の金ケ崎城（福井県敦賀市）を落とし、木ノ芽峠を越えて越前へ進軍しようとするが、その時、信長と同盟関係にあった北近江の浅井長政が裏切ったという情報が入る（情報元は、長政のもとに嫁いでいた信長の妹・お市の方からの書状とも）。このままでは朝倉と浅井に挟み撃ち遭うと、信長は僅かな兵を率い、朽木(くつき)街道を通って何とか京へと逃げ帰った。

世に言う「金ヶ崎の退き口」であり、この時、家康も信長と同様の経路で撤退したと考えられている。信長の家臣のうち、秀吉が殿(しんがり)として主君の逃走を助けたとされるが、その秀吉に家康が協力したという逸話もある。

秀吉が大勢の敵方に囲まれた時、事前に万が一の時の救援を頼まれていた家康は、

「秀吉殿から頼むと言われたのに、ここで捨てて行っては、後で信長殿に合わす顔が無い」と言って、家臣らに檄を飛ばすと、鉄砲を撃ちながら自ら進んで突撃し、敵の軍勢を蹴散らした。

金ケ崎古戦場(福井県敦賀市)

そして、椿峠で人馬を休ませていると、秀吉が馬を駆けてやってきて、

「貴殿の協力がなければ、危なかったが、おかげで殿を無事務めることができました」と感謝したとか。また、このことを秀吉は長く恩に着て、後年「長久手の戦い」の後上京した家康に対し、守山に三万石の土地を進上したともいわれる。

いずれにしても、「金ケ崎の戦い」から無事生還できたことは、家康の強運の一つであったろう。場合によっては、落ち武者狩りの犠牲になってもおかしくはない状況であったから。

㉔岡崎城から浜松城に本拠を移す
～信長の意見に従う～

永禄十二年（一五六九）の秋ごろから、家康は遠江支配のため、また信玄の遠江侵攻に備えるため、居城を三河国の岡崎城から遠江に移すことを考え、古来遠江国の国府が置かれた見付にある見付城（静岡県磐田市）の普請を始めていた。

ところが、信長から天竜川以東では、支援がしづらいという意見があったため、見付城の普請を中止し、代わってかつて飯尾（いのお）氏の居城であった引間城を、改修して浜松城（静岡県浜松市）と改名し、翌永禄十三年（一五七〇）六月、岡崎城を信康に譲ると、自らはこちらへ移ったのだった。

「浜松」は当地の地名で、元は「浜津」と呼ばれていたが、港の機能が失われたため、港を意味する「津」から、松林を意味する「松」に転じたとの説もあるようだ。

引間城は、今川氏親の遠江侵攻後、飯尾乗連（のりつら）に与えられ、桶狭間の合戦後乗連の子・連龍（つらたつ）が城主となった。しかし、連龍は今川氏によって謀殺され、城内が混乱していたところを、遠江侵攻を始めた家康によって攻

浜松城（静岡県浜松市）

略されたのだった。

一説によると、連龍の死後、連龍の妻・お田鶴(たづ)の方(椿姫)が城を守っていて、家康はお田鶴の方に使者を送り、降伏を勧めたが、彼女は「女といえども曳馬の家の者」と言って、断固拒否したため、やむを得ず城に攻め込んだ。

彼女は城兵を指揮しながら奮戦し、最後は侍女らとともに討ち死にしたといわれる。その壮絶な最期から、お田鶴の方は「戦国女武将」として歴史に名を残すことになった。

ともあれ、そんないわくつきの引間城を家康は本拠に選んだのであった。信長の意向を無視することはできなかったのだろう。戦国大名が戦略的に本拠を変えるのは珍しくないが、家康は天正十四年(一五八六)に駿府城に移るまで、実に十七年間も浜松城に住むことになる。

㉕「姉川の戦い」に参陣
~家臣団を駆使し勝利に貢献する~

永禄十三年(一五七〇)四月、信長の越前朝倉攻めに従軍した家康は、一旦京都へ逃げ帰った後、岡崎城に戻った。六月には本拠を浜松城に移し、同月下旬に再び出陣して、信長の浅井攻めに加わった。越前朝倉攻めで、裏切られた浅井長政を、信長は到底許すことができず、すみやかに報復行為に出たのである。

浅井方には朝倉氏が加勢し、二万五〇〇〇の織田・徳川連合軍と一万三〇〇〇の浅井・朝倉連合軍は（各々の兵力には諸説あり）、北近江の姉川河畔（滋賀県長浜市）で火花を散らした。いわゆる「姉川の戦い」である。『三河物語』『松平記』によると、戦い前日の軍議で、信長が柴田（勝家）・明智（光秀）を一番隊、家康を二番隊としたことに対し、家康はそれを不服として、自分を一番隊にするよう願い出たという（光秀が姉川の合戦に参加したというのは疑わしいようだが）。

姉川古戦場（滋賀県長浜市）

本番では、姉川が兵士たちの血で真っ赤に染まるほど、激しい戦闘が繰り広げられた。織田軍は（木下秀吉、柴田勝家などを擁するも）浅井勢に押され気味であったが、（旗本先手役の本多忠勝・榊原康政らを擁する）家康軍が横やりを入れて浅井勢を切り崩すと、織田軍も盛り返して勝利を得たのだった。

こんな逸話もある。はじめ信長は、朝倉軍には織田が当たるので、徳川には浅井軍を任せる、と言っていたが、当日の朝になって、朝倉軍が一万五〇〇〇を擁する大軍と知ってか、急に織田は浅井を攻撃するので、徳川は朝倉を頼む、との軍令を出してきた。

酒井忠次など、今から陣列を変えると支障が出るから、この申し出は断るべきと進言する家臣も多かったが、家康は毅然として、「大軍に向かうことこそ、勇士の本意」と宣言し、陣列を変更すると、朝倉軍へ挑んでいったという。

この戦いは、家康にとって自らの所領に直接影響するものではなかった。同盟相手である信長の意趣返しへの協力であった。それを、家康は嫌がることなく、実行したのである。その結果、信長は、家康の武将としての才能と、徳川軍の戦闘能力を改めて評価し、家康としては、信長に貸しを作ることに成功したのであった。

勝利を収めた信長は、「すべては徳川殿の武威によるもの」として、感状に添えて、長光の刀などさまざまな品を家康に贈ったといわれる。

ただこの戦いで、信長は長政を深追いせず、浅井氏の居城・小谷城（滋賀県長浜市）の南麓の横山城を落とすと、そこに秀吉を置いて引き上げた。相手の息の根を止めなかったことで、こののち数年にわたって、浅井・朝倉氏を中心とする信長包囲網に悩まされることになる。

㉖上杉輝虎（謙信）と同盟締結

～武田信玄と絶縁する～

遠江侵攻の際、信玄に対して不信感を持った家康は、越後国（新潟県）の上杉輝虎（謙信）に近づいたが、元亀元年（一五七〇）八月、ついに輝虎と同盟を結び、信玄と絶縁するに至った。輝虎は長年にわたって、信玄の宿敵であり、両者が五回にわたって干戈を交えた「川中島の戦い」（長野県長野市）

は余りにも有名だ。

　謙信は、享禄三年（一五三〇）正月二十一日、越後守護代・長尾為景（三条長尾家）の子として春日山城（新潟県上越市）で生まれている。兄・晴景が家督を継ぐと、一旦仏門に入るが、幼少より文武に優れ、十九の時に晴景の養子となり、三条長尾家の家督を譲り受けた。天文十九年（一五五〇）には越後国主に任命され、さらに永禄四年（一五六一）には、上杉憲政から関東管領職と上杉氏の家督を譲り受けたのであった。

　家康は十二歳年上の輝虎へ、二ヵ条からなる起請文を送った。第一は、信玄との手切れ（絶縁）を誓い、第二は、織田氏と上杉氏の入魂を促すとともに、織田氏と武田氏間の縁談の阻止を約すもので、輝虎がこれを了解したのである。

　もっとも、この時点では武田氏と織田氏はまだ同盟関係にあった。これより三年前の永禄十年（一五六七）十二月、武田・織田同盟の補強策として、信玄の五女・松姫と信長の嫡男・信忠の婚約が成立していた。

　しかし、家康が輝虎に約束した通り、徳川・上杉同盟締結の二年後の元亀三年（一五七二）、この縁談は解消されることになる。また、同じ年、織田氏と上杉氏は同盟を結ぶのである。

　ともあれ、家康は信長との同盟に始まって、信玄との同盟締結と解消、さらには謙信との同盟締結と、希代の戦国武将を相手に堂々と交渉を行ったのである。

　家康が今川氏真の仲立ちで、初めて謙信と便りを交わした時、謙信は「東海道第一の武士と評判の高い徳川殿と親しい交わりを持てることは、これに過ぎる喜びはない」と感激したと伝わるぐらいだから、家康は二十代にして、すでに戦国大名としての大物ぶりを示していたのであろう。

㉗「志賀の陣」に参戦
～信長の危機を救う～

姉川の合戦から二ヵ月立った元亀元年（一五七〇）八月末、信長は三好三人衆を討つため、摂津国へ出陣した。当初は織田軍が優勢に戦いを進めるが、九月十三日、石山本願寺（大阪市中央区）が三好方に付いたため、戦況は急転する。

信長とともに出陣していた将軍・足利義昭は、家康に宛て、近国から多くの兵が参集しているので、外聞を考えて参陣するよう御内書を送った。

さらに九月十六日、三好三人衆と石山本願寺の動きに呼応して、浅井・朝倉軍が、信長の背後を突こうと、近江から京へ向け、進軍を開始した。京を占領されたら一大事である。この時、信長は生涯で最大の危機を迎えたとされる。

信長は急遽摂津から撤退して、近江へ向け出陣した。その間近江では、宇佐山城（滋賀県大津市）などにおいて、浅井・朝倉軍と織田方の守備軍の間で激戦が行われ、宇佐山城を守っていた織田方の森可成は戦死、浅井・朝倉軍は一時、山科・醍醐（京都市山科区・伏見区）まで侵入した。いわゆる

「志賀の陣」の始まりであった。

信長が三井寺（園城寺）に入ると、浅井・朝倉軍は坂本に後退し、その後比叡山に逃げ、同山中の各所に陣を布いた。義昭の要請を受けた家康は、九月二十四日に松平信一・石川家成を派遣し、自らも浜松を出て、十月二日に近江国に着陣している。将軍からの要請もあったろうが、強力な同盟相手である信長の危機を見過ごすわけにはいかなかったのであろう。

この戦いは、各地の反信長勢力の蜂起をもたらした。近江の六角氏も一向一揆と結んで挙兵し、徳川軍は彼らとたびたび戦闘を行ったようだ。

戦いが長引くのを恐れた信長は、将軍・義昭を動かし、十二月十三日、朝廷と義昭の仲介により、浅井・朝倉側との和議に持ち込むことに成功する。家康もひとまず安堵して、この前後に浜松へと引き上げたのだろう。

ちなみに、翌元亀二年（一五七一）九月、信長は、延暦寺（滋賀県大津市）が志賀の陣で浅井・朝倉方に味方したことへの報復として、比叡山焼き討ちを決行しているが、その時家康は浜松にいて、これに加勢することはなかった。

宇佐山城跡（滋賀県大津市）

㉘今川氏真を受け入れる
～元主君の嫡男を憐れむ～

元亀二年（一五七一）にも、家康にとって予期せぬ一大事が起こる。同年十二月三日、後北条氏三代目当主・北条氏康が死去した。すでに家督を継いでいだ嫡男の氏政（うじまさ）は、武田信玄の娘・黄梅院（おうばいいん）を妻としていたこともあり、上杉氏との同盟を廃棄し、武田氏と改めて同盟を結んだ。

黄梅院は、信玄が駿河に侵攻したことに激怒した氏康によって離縁させられ、甲府の実家に戻った後、二十七歳の若さで亡くなっていた。

武田・北条の同盟復活に伴って、両氏は「国分け」を行い、武田氏が駿河旧今川領を確保することになった。これにより、北条氏の預かりになっていた今川氏真は、小田原を脱出し、家康を頼って浜松に逃れてきた（掛川城から伊豆国の戸倉城に避難していた氏真一家は、その後小田原早川に移っていた。氏真の正室・早川殿の名は、この地名から来ている）。

氏真にしてみれば、恥を忍んでかつての人質に頭を下げたのである。そして、その氏真を家康は受け入れたのである。掛川城開城の際、

戸倉城跡（静岡県駿東郡清水町）　清水町教育委員会提供

いずれ氏真を駿府に戻すと約束した手前、無下に断ることはできなかったのだろう。

しかし、氏真が駿河を回復することはもはやなかった。後年の甲州征伐で、家康が信長から駿河一国を与えられた時、「駿河は、元は今川家の本領です。今川氏真が今浜松に身を寄せているので、駿河を氏真に与えて、今川家を再興させませんか」と家康が申し出たところ、信長は、「何の能もない氏真に与えるぐらいなら、わしに返せ」と一蹴したという逸話もある。

氏真は正室・早川殿を伴っていたが、早川殿にしてみれば、落ちぶれた夫と別れて、弟（兄とも）・北条氏政のもとに残ってもよかったはずである。そうしなかったのは、二人の夫婦仲がよかったからだろう。この後、氏真は早川殿とともに浜松に十年以上滞在し、その間二人の間には三人の男子が生まれている。

ちなみに、氏真と早川殿は徳川幕府成立の後まで生き延びるが、天文二十三年（一五五四）の甲相駿三国同盟によって組まれた三つの政略結婚のうち、最後まで離婚しなかったのは、このカップルだけであった。そんな二人を、家康は微笑ましく、そして、いささか羨ましく見守ったのかもしれない。

㉙「三方ヶ原の戦い」で惨敗

～強豪武田軍相手に無謀な戦いを挑む～

甲相同盟により東の憂いが無くなった信玄は、元亀三年（一五七二）十月、大軍を率いて甲府を出

三方ヶ原古戦場（静岡県浜松市）
写真提供：浜松・浜名湖ツーリズムビューロー

陣、西上を開始した。駿河から遠江に入り、掛川の高天神城（たかてんじん）を攻略すると、なぜか天竜川を渡って浜松へ向かうルートを取らず、見付から北上して豊田郡合代島（ごうだいじま）（静岡県磐田市）に本陣を置いた。

一方、山県昌景、秋山虎繁率いる武田軍の別動隊が、信州伊那から青崩（あおくずれ）峠を越えて遠江に入り、佐久間から三河へ進出した。岐阜にいた信長は、信玄の遠江・三河侵攻を知って激怒し、上杉謙信宛ての書状で、信玄を激しく非難するとともに、家康に加勢の兵を送ったと伝えている。ここに織田氏と武田氏は完全に手切れとなった。

合代島を出陣した信玄率いる武田軍本隊は、十一月晦日に二俣城を落としたが、やはり浜松城へは向かわず、十二月二十二日に大菩薩辺りから西に転じて、三河へと向かった。それを知った家康は、信長の加勢も含めた一万余りの兵で浜松城から打って出て、二万五〇〇〇ともいわれる武田軍を三方ヶ原（みかたがはら）（静岡県浜松市）で背後から襲ったのだった。

世に言う「三方ヶ原の戦い」であるが、家康は一敗地にまみれ、多くの犠牲を出したうえ、浜松城に逃げ帰った。恐怖の余り馬上脱糞したという逸話は有名だが、ほかにも家康の苦戦ぶりを示すエピソードが残されている。

家臣・夏目吉信は、敵に突撃しようとする家康の命を守るため、手にした鑓(やり)の柄で、家康の乗った馬の尻を叩いて、浜松の方向へ走らせ、自らは敵陣に突入して討ち死にした。また、三河譜代の高木広正は、家康の乗った馬が鉄砲に当たって倒れた時、自分の馬を差し出したうえ、追撃する信玄の近臣数人を討ち取って、無事浜松城に帰還したという（家康は、広正が討ち取った敵兵の首を、太刀で掲げて信玄のものと叫ばせ、城内の者を安心させたとも）。

家康は、通り過ぎようとする武田の大軍を、劣勢にも関わらず、なぜ追撃したのだろうか（大軍の攻撃に対しては、籠城戦を採るのがふつうであろう）。これまで考えられてきた理由として、①信長から加勢を得ていたのに、一戦も交えずにやりすごすことはできなかった②三河・遠江の武将らが信玄方になびくのを防ぐために存在感を示したかった③地の利を生かしたそれなりの勝算があった、などがあるようだ。

こんな逸話も伝わる。武田軍の動きを偵察して戻ってきた斥候(せっこう)の鳥居忠広(ただひろ)が、

「敵は大勢で隊列も整っているので、たやすく戦を始めるべきではありません。我が軍の軍列を整え、鉄砲を追加調達するまでの時間を稼ぎ、敵が堀田城辺りまで近づいてから、攻撃を加えれば、万が一の勝利を得られるかもしれませんが、とても完勝とはいかないでしょう」と進言した。

それを聞くと、家康は不機嫌になり、

「たとえば、人が我が城内に踏み込んで通ろうとするのを咎めないことがあろうか。いかに武田軍が猛勢であっても、城下を蹂躙(じゅうりん)して進むのを、居ながらにして傍観している理由はない。戦の恥辱

としてこれ以上のことはなかろう。勝負は天が決する。とにもかくにも戦をせずにはいられない」と言ったという。

さて、この戦いでは、信玄の動きにも謎がある。なぜ信玄は浜松城を攻めなかったのか、である。これは、信玄の西上の目的とも関わる問題である。

信玄の西上目的として、上洛説、信長討伐説、家康討伐説などがあるが、少なくとも家康討伐を主目的とするなら、敵の本丸である浜松城を見逃すはずはなく、信玄の目的は別にあったと考えるのが合理的のようだ。この頃、信長との関係が悪化していた足利義昭が、信玄はじめ朝倉義景、本願寺蓮如らに信長討伐の御内書を出しているので、信玄の目は尾張や京都に向いていたのかもしれない。

いずれにしろ、三十一歳の若き武将・家康は、まだまだ血気盛んだったのだろう。当時日本最強といわれた武田の騎馬隊がどの程度のものか、確かめたかったのかもしれない。しかし、敵は想像以上に強かったのである。

徳川方は玉砕状態に近かったが、命まで取られなかったのは家康の幸運というほかない。浜松城へ帰城後、城門をわざと開け放して、敵方の警戒心を煽り（空城計）、自らは侍女が作った湯漬けを三杯お代わりして、高いびきで眠ってしまった、という逸話もあるが、この敗戦で家康は多くの事を学

しかみ像（岡崎公園／愛知県岡崎市）

んだに違いない。

三方ヶ原の戦いは、家康の生涯において唯一の敗戦とされるが、大敗を招いた自分自身への戒めのため、家康は絵師を呼んで、自身の情けない姿（しかみ像）を描かせたといわれる。

㉚信玄の死により巻き返しを図る
～後継者・勝頼との戦いの始まり～

三方ヶ原の戦いで徳川・織田軍を破った信玄は、その勝利を各所に報じた。それを受け、将軍・足利義昭は反信長の姿勢を鮮明にし、本願寺も各地の一向一揆に決起を促すに至る。

信玄は遠江刑部（おさかべ）で元亀四年（一五七三）の正月を迎え、同月半ばから三河国の野田城（愛知県新城市）を囲み、二月にこれを攻略した。

一方同月四日、家康は上杉謙信宛てに書状を出し、近日に信長が出馬するので、その節に信玄を討ち果たすつもりだと、伝えている。信玄は野田城を落とした後、同月十七日に長篠（ながしの）城へ移るが、この頃から病状が悪化し（たびたび喀血したとも）、やむなく甲府に向け軍を返す。しかし、その途上四月十二日に信濃駒場（こまんば）（長野県阿智村）で五十三年の生涯を閉じた。

信玄の死は本人の遺言により、三年間秘密にされることになった。しかし、武田軍が急に兵を引いた状況から、信玄の身に何か起こったという見方が広がり、家康は五月になって駿河に兵を入れるが、武田側のさしたる抵抗がないことから、信玄の死を確信したとされる。

家康は信玄の死について、「今の世に、信玄のように弓矢を取りまわす者は二人といない。自分も若い頃から、あのように弓矢を扱いたいと思ってきた。敵ではあるが、信玄の死は喜ぶものではない。残念なことだ」と言って、周りの者たちを感じ入らせたと伝わるが、家康の寛大さを誇張するものとはいえ、そういう気持ちは少なからずあったのではないか。

さて、信玄亡き後、武田氏の家督を継いだのは、側室・諏訪御料人を母に持つ、信玄の四男・勝頼（かつより）だった。なぜ、四男の勝頼にお鉢が回ってきたかというと、正室・三条夫人を母に持つ男子のうち、嫡男・義信は、前述のように信玄との対立で失脚し、次男・龍宝（りゅうほう）は失明し、三男・信之は早世していたからである。

勝頼は永禄八年（一五六五）に当時同盟関係にあった、織田信長の養女・龍勝院（りゅうしょういん）を正室に迎えていたが、龍勝院は二年後、長男・信勝の出産が難産だったため、わずか十五歳で他界してしまった。勝頼が織田・徳川両氏に対抗するため、継室として、北条氏康の六女・北条夫人（早川殿の妹）を娶るのは、龍勝院の死から六年後のことである。

野田城跡（愛知県新城市）
提供：新城市観光協会

るともあれ、家康はこの新たな指導者・勝頼が率いる武田軍と、以後九年にわたって戦いを繰り広げることになるのだ。

一方、京都においても大きな動きがあった。元亀四年（一五七三）七月、将軍・義昭が信長に対抗して挙兵するが、槇島城（京都府宇治市）に籠った後、降伏して京都から追放されたのだ。ここに室町幕府は滅亡したとされる。

勢いに乗った信長は、同年八月、長年の宿敵であった越前の朝倉氏を滅ぼし、九月には近江小谷城の浅井氏を滅亡させた。こうして、信玄の死と義昭の追放、朝倉・浅井氏の滅亡により、三年に及んだ信長包囲網もまた瓦解したのであった。

このような事態を家康はどう読み取ったのだろうか。家康は近畿の状況を横目で見ながら、信玄無き武田軍相手に三河・遠江で巻き返しを図る。信玄の侵攻で武田方となっていた長篠城攻めを開始し、武田方の山県昌景・穴山信君（のぶただ）（梅雪（ばいせつ））らの後詰があったものの、九月にこれを落としたのであった。

㉛「長篠の戦い」に勝利
～鉄砲の威力を認識する～

天正（てんしょう）二年（一五七四）に入ると、武田勝頼のほうが攻勢に出る。美濃国へ侵攻し、明智城（岐阜県恵那市）を攻略、五月には遠江に移って、徳川方の小笠原氏助が守る高天神城（静岡県掛川市）を包囲した。家康は信長に援軍を求めるが、間に合わず、六月十七日、高天神城は落城した。家康にとっては大きな痛手であった。

戦果に自信を得た勝頼は、翌天正三年（一五七五）には、さらに活動を活発化させ、三河の足助城、野田城、吉田城を次々と攻略していった。そして同年五月、二年前に徳川方に奪われていた長篠城（愛知県新城市）を奪還すべく、同城を囲んだのであった。

長篠城を守るのは、三河の国衆、奥平九八郎であった。家康は直ちに信長に支援を求め、信長も高天神城の轍を踏まぬよう、すみやかに兵を挙げた。

九八郎は、わずか三〇〇人ほどの兵で、武田軍の猛攻に耐えた。窮状を岡崎城の家康に訴えた使者・鳥居強右衛門（すねえもん）が長篠城へ帰城の際に武田軍に捕われ、城内に向かって、救援は来ないから早く城を明け渡すよう叫べ、と命じられるが、鳥居はそれに従うふりをして、命令とは逆に、救援が近いことを味方に告げたため、磔になったという逸話もある。

信長は五月十三日に岐阜を出陣して、同月十八日には長篠城の西方三キロの設楽原（したらがはら）に、家康とともに陣を布いた。勝頼も設楽原へ軍を進め、両軍は連吾川（れんごがわ）を挟んで対峙した。

五月二十一日早朝、戦いの火ぶたは切って落とされた。世に言

復元された馬防柵（長篠・設楽原古戦場／愛知県新城市）
提供：新城市観光協会

う「長篠の戦い」である。この時、織田・徳川連合軍は、馬防柵(ばぼうさく)を巡らしたうえ、鉄砲隊を一列三段に並べて交代で射撃し、突進してくる武田の騎馬隊を打ち砕いた、というエピソードは有名だ。

この戦いに織田・徳川軍は圧勝し、武田軍は山県昌景・土屋昌続・内藤昌秀などの名将を失うなど、大きな打撃を被ったのだった。戦後信長は、城主・九八郎に対し、武田軍の敗退は、ひとえに九八郎の軍功によるもの、として、信長の一字を与えて、「信昌」と名付けた。

また家康も、大般若長光の刀と三〇〇〇貫の土地を下賜した。さらに、信昌（九八郎）の妻は、昔武田の人質になっていたが、勝頼によって磔にされたので、家康は長女の亀姫を信昌に嫁がせ、彼を婿としたのだった。

ともあれ、信長との迅速な共闘を決断したことが、家康にとって想像以上の好結果をもたらしたといえる。また、長篠の戦いは、新戦法である織田・徳川の鉄砲隊と、勇猛を誇ってきた武田騎馬隊との対戦であったが、これに勝利したことで、家康は兵器としての鉄砲の持つ絶大な威力を身に染みて学んだに違いない。種子島に鉄砲が伝来してから、三十二年目のことであった。

㉜ 高天神城の攻防
～信長に対し心意気を示す～

天正三年（一五七五）五月、長篠の戦いで信長とともに武田軍を破った家康は、余勢を駆って六月には遠江の二俣城（静岡県浜松市）を囲み、続いて八月までに光明（こうみょう）城、犬居（いぬい）城、諏訪原（すわはら）城を落とし、二俣城についても半年の攻城の末、十二月に攻略した。

ただ、高天神城はその後も武田氏の遠江侵攻の拠点となっていた。家康が高天神城の奪還に取り掛かるのは、天正四年（一五七七）閏（うるう）七月頃からである。以降、足掛け四年にわたって、武田氏と徳川氏はこの城を巡って、攻防戦を続けることになる。高天神城がなかなか落ちなかったのは、つねに武田氏当主・勝頼の後詰があったからであった。

ところが、天正七年（一五七九）末に、上杉氏の後継者問題によって、上杉氏と武田氏の同盟が破綻し、両者の間に駿河方面で抗争が始まると、勝頼の高天神城への後詰が困難となった。それを見た家康は、天正八年（一五八〇）の初めから、同城への攻勢を強めた。

ところで、のちに徳川の四天王や三傑にその名が挙がる井伊直政は、この頃から活躍を始めている。直政が家康に出仕するのは、天正三年（一五七五）二月のこととされる。

直政は今川氏に臣従していた井伊直親（なおちか）の子で、前述したように、女城主・井伊直虎の後見を受けていたが、家康が浜松城下で鷹狩りを行った際に路辺において見出された。すぐに頭角を現し、高天神城の攻防戦中、直政は、家康の寝所に忍び込もうとした刺客を討ち取った功績などにより、禄高がそれまでの三〇〇石から十倍の三〇〇〇石に加増されたといわれる。

さて、翌天正九年（一五八一）正月には信長からの援軍もあって、攻防戦は最終局面を迎える。籠城衆からの降伏の申し出があったが、信長の意向もあってそれは受け入れられなかった。信長は一、二年のうちに駿河・甲斐国へ攻め込むつもりだが、それを待つか、それとも高天神城を攻め続け、後詰として出てくる勝頼を迎え撃って決着をつけるか、その判断を家康に預けている。

そして家康は、同年三月二十二日、総攻撃を決行し、ついに高天神城は落城した。その際、こんなドラマチックな逸話が残されている。総攻撃の前夜、徳川陣中に舞師の幸若三太夫がいるのを聞いて、城内から落城前に幸若舞を見て、この世の思い出にしたい、と申し出があった。

家康は感動してそれを許し、「こういう時は哀れな曲がいいだろう」と注文まで付けた。太夫が城際近くに進みより、「たかだち（高館）」を唄い出し、舞を始めると、城兵はみな城際に歩み寄って、涙を流しながら、舞を眺め歌に聞き入った。

太夫の舞が終わると、城中から一人の茜色の羽織を着た武者が進み出て、「佐竹大ほう」という紙十帖と脇差などの引き出物を取り揃えて、太夫に捧げた。そして、満足した城兵たちは、翌日みな潔く戦って討ち死にしたという。

さて、そんな恩情のある家康だったが、信長に対して心意気を示したかったのだろうか。力攻めで高天神城を陥落させたのであった。家康は実に七年ぶりに同城を奪還し、信長の甲州征伐に弾みをつけたのである。

高天神城の戦いで討ち死にした武田方武将の碑（静岡県掛川市）
出典：掛川市ウェブサイト（https://www.city.kakegawa.shizuoka.jp/opendata/dataset/11548/resource/48/02takatenjin.JPG）

㉝築山殿殺害、信康自刃

～家康生涯の痛恨事～

家康が高天神城の攻略に取り組んでいた天正七年（一五七九）、家康の生涯で、おそらくは最も不幸な出来事が起こる。発端は、家康の嫡男・信康と信康の正室で信長の長女・徳姫の関係が険悪化し、徳姫が信長に訴状を提出したことであった。

ところで、家康は元亀元年（一五七〇）に、岡崎城を信康に譲り、浜松城へ移ったが、その年、入れ替わるように、家康の正室・築山殿が、許されて岡崎城へ入っている。以後、徳姫は姑である築山殿と同城で同居し、天正四年（一五七六）に長女・登久（とく）姫を、その翌年には次女・熊（ゆう）姫を産むが、なかなか男子には恵まれなかった。

それを心配した築山殿は、家臣の娘などを側室として信康に与えた。そのことが、徳姫と信康母子との仲を悪くしたとも伝わるが、今風に考えると、無きにしもあらずの話であろう。

さて、同年七月十六日、家康は、家臣の酒井忠次を安土の信長のところへ弁明に遣わしたが、信長が忠次に示した徳姫からの訴状には、信康の非行や、築山殿の武田氏への内通などが十二ヵ条にわたって書かれており、忠次はそれを見て言葉に窮したといわれる。

実際、信康は気性が荒く、日頃から乱暴な振る舞いが目立ち、盆踊りの際に領民を面白半分に射殺したり、鷹狩りの場で、ある僧侶に縄を付けて縊（くび）り殺した、などの噂もあったようだ。

こんな逸話も残る。酒井忠次と大久保忠世が、信康の荒々しい振舞いを箇条書きにし、諫言すれば命を取られるかもしれないので、誰も諫言しないと、家康に進言したところ、家康は、中国の武将を例に出し、

「今の世には、比干（殷の紂王の叔父）や伍子胥（呉の臣）のような忠臣はいないのだから、諫言しないのは仕方がない」と答えたといわれる。

ともあれ、忠次は徳姫の訴状の内容に反論しなかったため、結局信長は、家康に信康の処刑を命じた。さすがの家康も動揺したのだろう。再び忠次を信長のもとへ遣わし、また、信長の近臣・堀秀政に取り成しを頼んだりしたが、信長の意向を変えることはできなかった。

結局、家康は泣く泣く、嫡男と正室の処刑を決意する。高天神城の攻防戦をはじめ、遠江で武田氏と向き合うには、どうしても信長の力が必要だったから、それ以上信長にたてつくことは憚れたのか。実際この頃には、家康の信長との関係は、対等から従属的なものに変化し、家康も甘んじてそれを受け入れていたといわれる。

同年八月二十九日、まず築山殿が、家康の家臣・野中重政らによって、遠江国佐鳴湖畔（静岡県浜松市）で殺害された。重政が浜松へ戻って家康に報告すると、家康は、

「女のことであるから、ほかに方法もあったであろうに、考えも浅く討ち取ったのか」と言ったので、重政は大いに恐縮して、以後蟄居したとも伝わる。

家康は最後まで彼女の処分に悩んだのだろうか。ちなみに、秀吉から彼の妹・朝日姫を押し付けら

れるまで、以後七年間にわたって、家康は正室を置いていない。

一方信康は、遠江国敷知郡の堀江城（静岡県浜松市）を経て、同国豊田郡の二俣城へ移され、九月十五日切腹した。まだ二十一歳だった。こんな逸話もある。

信康の守役（後見人）を任されていた家康の家臣・平岩親吉は、家康に

「これは若殿を貶めようとする者のしたことである。万一若殿（信康）の行状がよくなかったとしても、それは私の指導がよくなかったからで、私の首を刎ねて信長殿に差し出してください」と涙ながらに訴えた。すると家康は、

「信康の罪状が真実とは思わない。しかし、乱世の中、強敵に挟まれ、頼みは織田殿の助けだけである。それゆえ、子を愛することを捨てられないために、累代の家や国を亡ぼすわけにはいかない。お前の忠義は嬉しいが、お前の首を斬って差し出したところで、信康が助かるわけではないから、このうえ恥を重ねるのは悔しい」と答えたという。

もっとも、この事件には不明な点が多く、家康と信康の対立が原因であったという説もある。理由はどうあれ、二人を失ったことは、三十八歳の家康にとって、生涯最大の痛恨事であったろう。

二俣城跡（静岡県浜松市）
写真提供：浜松・浜名湖ツーリズムビューロー

㉞北条氏政と同盟締結
～甲相同盟の破綻に乗じる～

前述のとおり、天正七年（一五七九）に武田氏と北条氏の同盟が破綻し、それを好機とみた家康は、速やかに北条氏と同盟を結び、その後の高天神城攻防戦を有利に進めたのだが、武田・北条の同盟破綻は、次のような理由によるものであった。

前年の天正六年（一五七八）三月十三日、希代の勇将・上杉謙信が越後国の春日山城内で急死する。四十九歳であった。前年の九月には、加賀国（石川県南部）手取川の戦いで、柴田勝家率いる織田軍を撃破しており、誰も予想しない突然の死であった。

謙信の訃報に接した家康は、

「信玄が死んだ後、謙信ほどの戦上手は世にいなかったが、その謙信もまた亡くなってしまった。名誉ある武将がこうして続いて死に絶えることは、天下のために惜しむべきことだ」と言って嘆いたという。

ところで、謙信は未婚で子どもが無く、後継者も決まっていなかった。永禄十一年（一五六八）の越相同盟締結に伴い、北条氏から景虎を養子にとっていたが、それ以前にも甥（謙信の姉・仙桃院の子）の景勝を養子にしていた。そのため、謙信の死後、上杉氏内において、景虎と景勝との後継者争いが勃発したのだった（御舘の乱）。

この上杉氏の内乱に、北条氏康の死後復活した甲相同盟に基づき、武田勝頼が景虎を支援する形で介入した。勝頼は、景虎の妹・北条夫人を正室としていた。

当初は景虎側が優勢であったが、途中から景勝側に転じた勝頼の調停で両者は一時和睦する（勝頼の寝返えりは、景勝が黄金一万両と上野国一国を提示して、買収した結果ともいわれる）。しかし八月二十二日、家康が武田領の駿河国田中城（静岡県藤枝市）へ侵攻し、勝頼が急遽帰国すると、景勝は景虎に攻撃を仕掛け、景虎は小田原へ逃走を試みるが、途中進退窮まり自害した。天正七年（一五七九）三月二十四日のことである。

北条氏の当主・氏政は、義弟でもある勝頼に実弟（景虎）の支援を依頼していたにもかかわらず、勝頼は裏切って景勝側に回り、しかも異母妹の菊姫（信玄の五女）を景勝に嫁がせたことに激怒し、甲相同盟は破綻したのだった。

家康は謙信死後の上杉氏をめぐる情勢に目を光らせていたに違いない。天正七年九月五日、対武田戦略上の観点から、北条氏政と同盟を結ぶ。翌天正八年（一五八〇）には織田氏が北条氏と同盟を結び、これにより、上杉氏が衰退する中、武田氏を三方から包囲することに成功した。

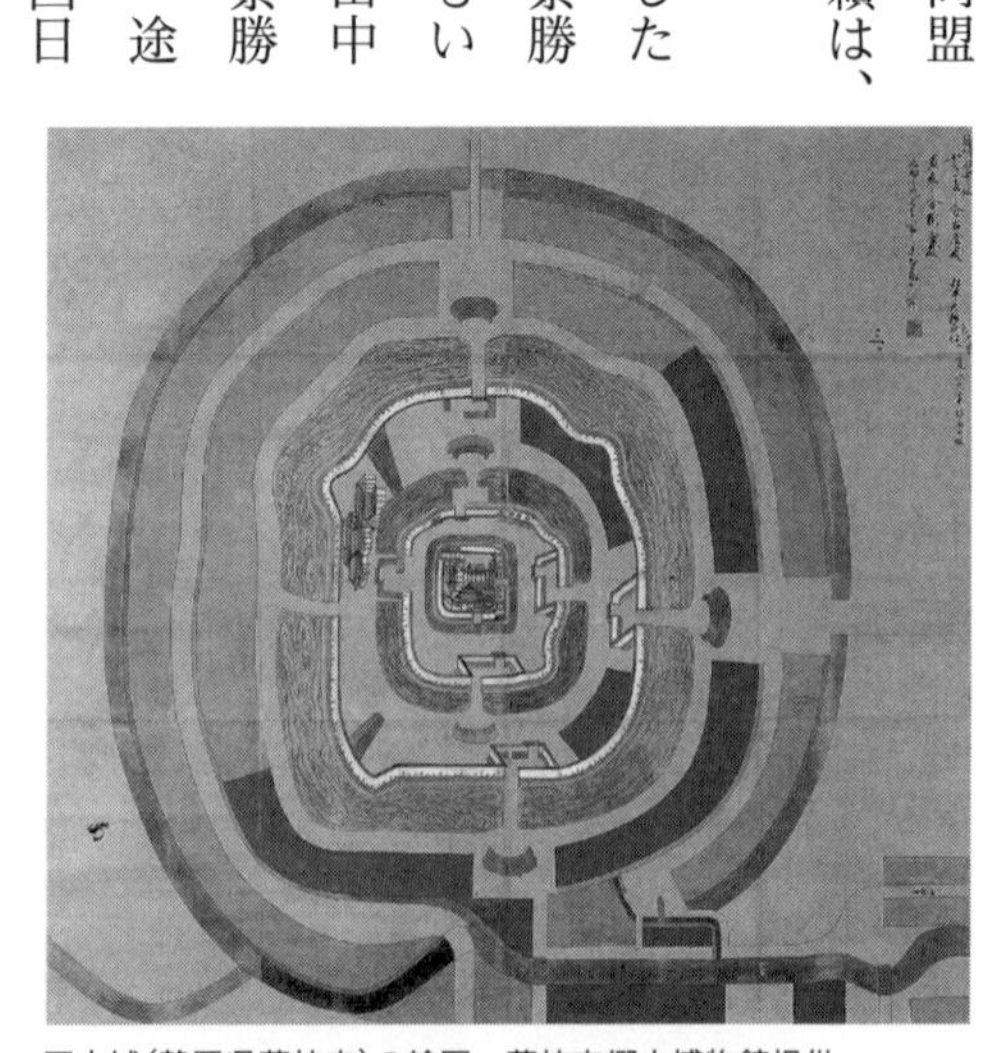
田中城（静岡県藤枝市）の絵図　藤枝市郷土博物館提供

五ヵ国領有　1582～

㉟「甲斐征伐」に参戦
～武田氏の遺臣を召し抱える～

家康が高天神城を奪還した翌年の天正十年（一五八二）は、家康にとって、というか日本国そのものにとって、大変な年となった。まずは同年二月、信長が甲州征伐を決行する。武田氏の衰退が進む中、きっかけになったのは、武田信玄の女婿である信濃の木曾義昌（よしまさ）が信長方に寝返ってきたことであった。織田軍は、弱冠二十六歳の、信長の嫡男・織田信忠（のぶただ）が総大将となって、二月十二日に岐阜を出発した。信長から駿河口を任された家康は、それに呼応して三万五〇〇〇の兵を率いて浜松から出陣し、十八日に掛川、二十一日には駿府まで軍を進めた。そして、各方面に調略を行ったが、三月に入って、江尻（えじり）城（静岡市清水区）にいた元城代の穴山信君（のぶただ）（梅雪（ばいせつ））を投降させたことが、その後の家康の行動を楽にした。

穴山氏は、武田氏から分かれた甲斐の国衆で、代々武田氏と姻戚関係を結んでいた。信君は、信玄の従弟に当たり、また信玄の次女・見性院（けんしょういん）を妻としていた。信君が寝返ったのは、長篠の戦いに積極的に参戦しなかったことが、武田氏内で批判されたことに起因するともいわれる。

家康は、信君を説得するに当たって、

「降伏すれば、甲斐をあてがうよう信長に斡旋する。年貢徴収が可能になるまでは、二年でも三年でも信長から扶持が得られるように計らい、それがうまくいかない時は、家康が扶助する」とまで、約束している。

一方織田軍は三月十一日、本拠の新府城（山梨県韮崎市）を出て天目山を目指していた武田勝頼を、滝川一益・河尻秀隆らが八代郡の田野という所に追い込み、嫡男・信勝（生母は信長の養女・龍勝院）ともども自刃させた。ここに、数百年にわたって甲斐に君臨した武田氏は滅んだのである。家康は、この日甲府に入った信忠のもとに穴山信君とともに出向き、信忠と面会している。

信長が明智光秀らを従えて悠々と安土を出陣したのは三月五日で、信濃の伊那谷を通って進軍し、同月十四日に下伊那郡波合で勝頼父子の首実検を行った。家康は信長を迎えるため甲斐から諏訪に赴き、同月十九日に上諏訪で信長を出迎えたのだった。

三月二十九日、信長は甲州征伐の論功行賞として、旧武田領の知行割を行った。甲斐国（ただし、穴山信君の領地を覗く）を河尻秀隆に、

武田勝頼の墓（法泉寺／山梨県甲府市）

上野国（群馬県）を滝川一益に、信濃国（長野県）を森長可に、そして家康には駿河国が与えられた。これにより、家康はかつての今川氏と同様、三河・遠江に駿河を加えた三国の領主となったのであった。

もう一つ、家康が甲州征伐に参加してつかみ取ったものとして忘れてならないのは、甲斐の有能な武士たちであろう。信長は信玄への激しい恨みから、武田の旧臣をすべて探し出して討伐せよ、と命じたが、家康は、甲斐・信濃で名声を得ている者を、餓死させるのは不憫だとして、駿河・遠江に招いて面倒を見たのである。武田の最強騎馬団と謳われた彼らを、家康は若輩の井伊直政を引き立てるために、彼の部隊に組み入れた。

それを聞いた榊原康政は、武田遺臣の大半を直政に持って行かれたことに憤慨し、直政と刺し違えるとまで言い出したが、酒井忠次に諫められたという。武田遺臣を得た直政は、山県昌景隊にあやかって備えを赤色にした。後年、直政の部隊は、泣く子も黙る「井伊の赤備え」と恐れられ、家康の天下取りに向けて大活躍するのである。

㊱甲斐からの帰路、信長をエスコート
～行き届いたサービスで信長を喜ばす～

天正十年（一五八二）四月二日、織田信長は諏訪法華寺（長野県諏訪市）を出発し、翌三日、武田氏最後の本拠・新府城の焼け跡を検分した後、長く武田氏が居館とした躑躅ヶ崎館（つつじがさきやかた）（山梨県甲府市）

に入った。最強の敵であった信玄の本拠を、信長はどんな思いで眺めたのだろう。

信長に随行していたとされる家康にとっても、感慨深いものがあったはずである。信長らはこの日、躑躅ヶ崎館跡に仮御殿を建て宿泊した。

四月十日、信長らは甲府を出発し、駿河路を通って安土に帰ることになった。その先導役を務めたのが家康である。信長が駿河路を選んだのは、三国（インド・中国・日本）の名山である富士を一覧しようとしたからだとされるが、京都から信長に同道してきた太政大臣・近衛前久が、

「私も都の土産話に富士を一目見たい」と申し出た時、信長は、

「わしでさえ徳川の世話になっているのだから、お前は木曽路で帰れ」と言い放ったという話は有名である。三河守叙任の際、大変お世話になった前久だけに、家康は冷遇された彼への同情を禁じ得なかったのではないか。

さて、一行は八代郡姥口から富士の山麓に分け入り、阿難坂・迦葉坂（かしょうざか）を経て上野ヶ原、井出の郷辺りで富士を見て、十二日に駿河国富士郡大宮（静岡県富士宮市）に到着した。『信長公記』では、富士の眺めを「山頂に雪が積もって白雲のようであった」と描写している。

その後、十三日に江尻、十五日に掛川と進んで、十六日、家康

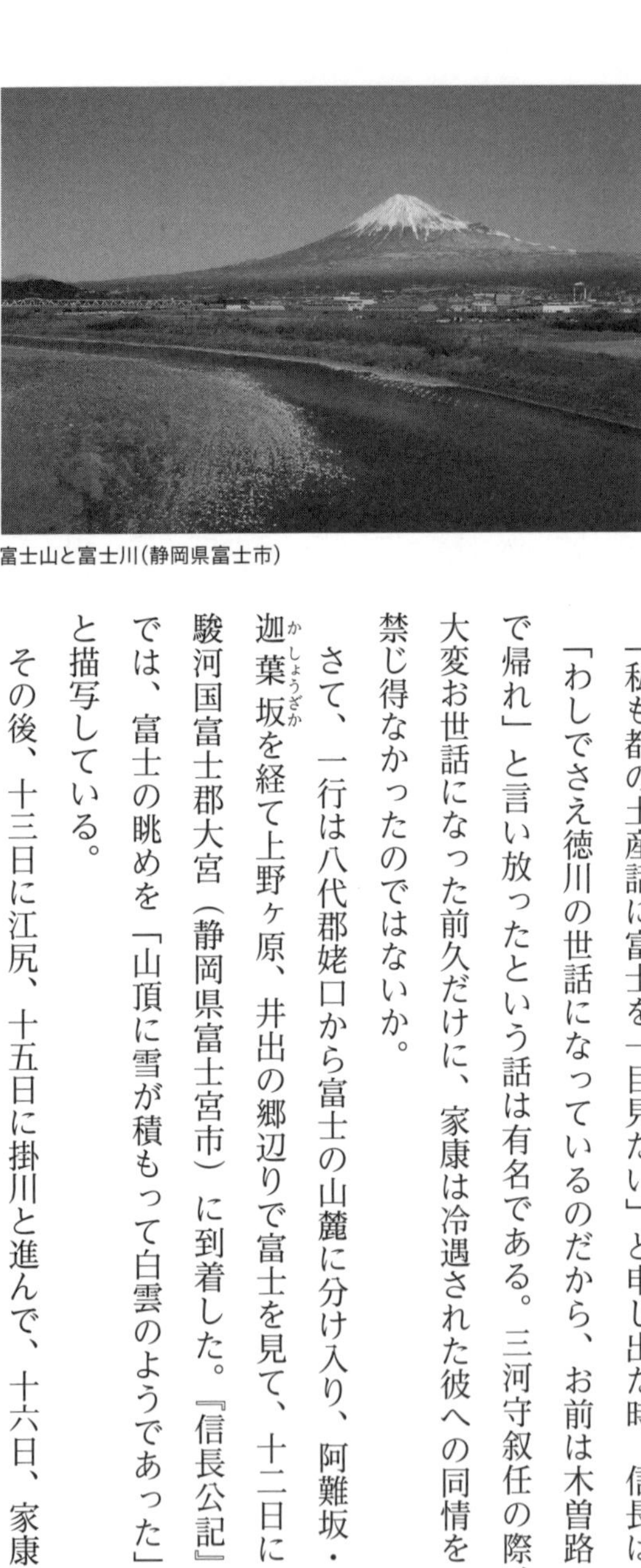

富士山と富士川（静岡県富士市）

の居城・浜松城に至った。

この間、家康は道中の警固に当たるとともに、休息の茶屋や宿所を用意するなど、信長への饗応に努めた。大河を渡る際には、必ず舟橋を用意し、大井川では、大勢の人夫が川の中に立ち、激流を防いだというエピソードも残されている。

こうした献身的な家康のふるまいについて、『信長公記』では、「家康卿の万方の御心配り、一方ならぬ御苦労、尽期なき次第なり、何れの道にても諸人感じ奉る事、御名誉申し足らず、信長公の御感悦申すに及ばず」と記されており、信長も大満足だったようだ。

その結果、信長の家康に対する評価はますます上がり、織田・徳川の結びつきはさらに強まるはずであった。がしかし、なのである。

㊲「甲州征伐」のお礼に安土を訪問
～信長から下にも置かぬ饗応を受ける～

信長の甲州征伐に協力し、浜松に戻った家康は、ひと月後の天正十年（一五八二）五月十一日、穴山信君（梅雪）とともに浜松を発ち、安土へ向かった。甲州征伐で駿河を与えられたことへの「お礼」のため、安土城（滋賀県近江八幡市）の信長を訪問することにしたのである。

信長にとっても、家康はかけがえのない盟友であり、甲州での活躍も目覚ましかったため、十分な饗応を行おうとする。そして、特命でその準備にあたらせたのが重臣・明智光秀だった。光秀は調度品を整え、京都や堺の珍品などをそろえて、五月十五日から十七日の間、家康一行を盛大にもてなしたといわれる。

ところで、信長が琵琶湖東岸の安土山に安土城を築いたのは、天正四年（一五七六）二月のことである。五層七重の天守を有したその威容に、家康は圧倒されたことだろう。家康の浜松城は、土造りの城で石垣もなかったとされるから、さすが信長殿、とうなったのではないか。

安土城では、幸若舞（こうわかまい）や猿楽などの催しも行われ、今や天下一の武将となった信長からの下にも置かぬ饗応は、家康にとって嬉しくないはずはなかったろう。一方で、武田氏無き後の世の展開を、彼らしい用心深さで計算していたに違いない。しかし、その後の事態の急変は、おそらく家康の想像を越えるものであったろう。

安土での家康饗応については、こんな話も伝わる。『川角（かわすみ）太閤記』によると、光秀が用意した肴類を事前に信長が調べたところ、生魚が悪臭を放っていたため、信長は激怒し、光秀が慌ててその肴類を堀へ捨てたため、悪しき匂いが安土中に漂い、光秀は面目を失った、と。

安土城跡（滋賀県近江八幡市）

また、宣教師フロイスが著した『日本史』では、家康の饗応に絡んで、信長と光秀の間で口論が起こり、怒った信長が光秀を足蹴にしたとある。

こうした出来事が、光秀の信長に対する恨みを増幅させ、半月後の「本能寺の変」に繋がった、とする見方は、本能寺怨恨説の一つとして有名である。家康と光秀は、甲斐からの帰還の道中ずっと一緒で、言葉を交わすことも少なくなかったであろう。果たして、家康は光秀の接待を受けながら、謀叛の芽を感じ取っていたかどうか。

㊳「本能寺の変」後、伊賀越えで帰国
～家臣の諫言で、切腹を思い留まる～

永禄十年（一五八二）五月、安土で信長の饗応を受けた家康は、同月二十一日、信長の嫡男・信忠とともに京都に入った。安土滞在中に、信長から京都・奈良・堺の見物を勧められていたからである。信長は、家康一行に家臣の長谷川竹丸（秀一）を案内役として付け、京都の宿所として豪商・茶屋四郎次郎の家をあてがった。

京都で能などを見物した後、家康は京に残る信忠と別れ、堺に向かった。堺に入ったのは二十九日であり、同じ日、信長が僅かな供回りを従えて、安土から京の本能寺（京都市中京区）へ入っているので、家康は信長とは入れ替わりに京を出たのであろう。

翌六月一日（天正十年の五月は、陰暦の「小の月」で、二十九日までしかなかった）、家康は朝から今井宗久に茶の振舞いを受け、午後からは天王寺屋（津田）宗及、夕方からは松井友閑の茶会に出席している（この三人は、堺の茶人として名を成していた）。

そして、運命の六月二日を迎える。朝まだき、亀山城（京都府亀岡市）から西国へ向かうはずだった明智光秀の軍勢が、信長の宿所・本能寺を取り囲む。信長は応戦するも多勢に無勢のため、同寺に火をかけると自害。嫡男・信忠も二条御所（京都市中京区）で自刃した。

熱心な浄土宗信者の家康が庇護した知恩院（京都市東山区）

さて、この日、家康は堺を出て再び上洛することにしていた。しかし、その途上信長が討たれたという報が、先に京へ遣っていた本多忠勝から届くのである。おそらく、家康にとっても晴天の霹靂であったろう。さすがの家康も、パニックに陥ったようで、

「もう少し人数がおれば、光秀を追いかけて織田殿の仇を討つものの、これほどの少人数ではそれもかなわないだろう。中途半端なことをして恥をかくよりは、知恩院に入り、切腹して織田殿と死をともにしよう」と言って、京へ向おうとする。

この時、家康に従っていた家臣は、本多忠勝のほか、井伊直政・榊原康政・酒井忠次・石川数正・大久保忠隣ら三十四

名であった。

　忠勝は石川数正、酒井忠次らと相談し、

「殿が長年の信義を守り、織田殿と死をともにしようとなさるのは、義のあることではあるが、織田殿の志に報いようとするなら、どうにかして岡崎に帰られ、軍勢を準備して光秀を追討し、その首を切って供えれば、織田殿の霊魂もさぞお喜びになるのではないでしょうか」と家康を諫めた。

　すると、家康は、

「わしも、本国に帰って兵を集め、光秀を誅伐したいのはやまやまだが、主従ともにこの地は初めてであり、知らぬ野山をさまよい、一揆に打たれては悔しいので、切腹を決めたのだ」と反論。

　ここで、長谷川竹丸が、

「この辺りの国士は、織田殿のもとに参上した際には、すべて私が取り持ったので、私の言うことに背く者はおりますまい。それゆえにこたび、御案内を命じられた次第です」と言うと、家康もようやく考えを改め、帰国が決定したという。

　そうと決まると、この日本を揺るがす一大事にどう対処すべきか、家康は脳みそをフル回転させたはずである。光秀は今後どう動くか、そして、名だたる武将たちはどんな反応を見せるのか。しかし今は、出来得る限り速やかに畿内を離れて、岡崎に帰るのが先決であった。

　家康に同行していた穴山信君（梅雪）は、自らの意志で家康と別行動を取ったが、宇治田原（京都府宇治田原町）辺りで主従ともども一揆に襲われ、殺害されてしまった。これは、家康を討つよう、光秀に命じられていた土地の者たちが、誤って信君を討ってしまったのが実情のようで、光秀は家康を取り逃がしたことに、自分の運命の拙さを呪ったという。

家康は宇治田原、信楽小川村、伊賀柘植（つげ）、伊勢鹿伏兎（かぶと）、関、四日市を経て、六月四日に那古（三重県鈴鹿市）から船に乗り、三河大浜（愛知県碧南市）に着岸し、遅くとも六月五日には岡崎城へたどり着いたようである（竹丸が道案内を頼んだ者の中には、伊賀者、甲賀者と呼ばれる人たちがいて、のちに彼らは家康に取り立てられ、関ヶ原合戦などで活躍することになる）。世に言う「伊賀越えの御難」であるが、家康は家臣らの励ましにより、正に九死に一生を得たのであった。

㊴ 光秀追討を果たせず
～秀吉の「中国大返し」に後れを取る～

天正十年（一五八二）六月二日に起こった本能寺の変から数日のうちに岡崎に戻り、危機を脱した家康は、信長の弔い合戦の挙行を決断し、早速その準備を始めた。六月四日、家康は蒲生氏郷（がもううじさと）から近江国の日野城（滋賀県日野町）を堅守しているとの報を受けた。

氏郷は安土城の留守役を任されていたが、信長が討たれたと聞き、信長の妻妾らを連れて自らの居城である日野城へ退避していたのだった。氏郷と入れ替わるように明智光秀が安土城へ入り、多方面へ、自分の味方に付くよう働きかけを行った。

家康は氏郷からの報に対し、信長からの年来の厚恩に応えるため、光秀を成敗する決意であると返している。そして、実際に六月十四日、岡崎から出陣したのだが、岡崎から四十キロ余り西の尾張国鳴海（なるみ）（名古屋市緑区）まで進んだところで、羽柴秀吉から思わぬ知らせが届いた。同月十九日、秀吉の使者が家康のもとに来て、光秀を討ち取ったので、上洛には及ばず、帰国されたしと伝えたのだ。それを聞いて、家康は少なからず驚いただろう。

本能寺の変が起きた時、秀吉が備中で毛利氏と戦っていたことを、家康は織田方からの情報として知っていたはずである。この短時日のうちに、秀吉が二百数十キロも離れた備中から、上方へ引き返し、光秀を滅ぼすとは信じがたかったに違いない。

ところが、秀吉は、信長が討たれたという報が入るやすぐに毛利氏と和を結び、六月五日に備中高松（岡山県岡山市）を出発、昼夜兼行で進軍し、七日にはもう秀吉の本拠・姫路城に到着した。そこで二日間兵を休ませた後、京へ向けて進撃を開始、十三日に「山崎の合戦」で明智軍を破り、光秀は近江坂本へ逃走中に小栗栖（おぐるす）（京都市伏見区）で落ち武者狩りの農民に殺されたのだった。

果たして家康は、秀吉に先を越されたと悔しがったかどうか。家康が伊賀越えで岡崎城に逃げ帰ったのが六月四日か五日、岡崎から京までは二百キロに満たなかったから、秀吉に先着することは不可

明智光秀終焉の地「明智藪」（京都市伏見区）

能ではなかったろう。

しかし、家康の頭の切り替えは早かったようだ。美濃周辺の状況を確認した後、速やかに兵を引き上げ、浜松城へと戻った。そして、今度は京都とは逆方向に目を移し、甲斐・信濃へ向けて快進撃を開始するのである。

㊵甲斐・信濃へ出陣
～北条氏直と睨み合う～

本能寺の変からほどなくして、相模の北条氏へも信長自刃の報が入った。北条氏政の隠居に伴い、家督を継いでいた氏政の嫡男・北条氏直(うじなお)は、天正十年（一五八二）六月十八日、上野国(こうずけのくに)の厩橋城(まやばしじょう)にいた滝川一益を攻め、敗れた一益は領国伊勢長島へと逃げ帰った。その後を追うように、北条軍は碓氷(うすい)峠を越えて信濃国へ進出、さらに南下して甲斐国に入ろうとする。

ちなみに、越後の上杉景勝と対峙していた森長可(ながよし)は、信長の憤死を知って、旧領美濃に撤退したため、川中島四郡は上杉氏が制圧するところとなった。

こうした状況を見て、家康はすぐに立ち上がった。それは、同盟者である信長が勝ち取った上野・信濃・甲斐を北条氏が蹂躙するのを座視できなかったからか、それとも、自らの領地拡大のチャンスと考えたからなのか。たぶん、両方だったのだろう。

甲斐国は、信長の甲州征伐の後、尾張出身の織田氏の家臣・河尻秀隆にあてがわれていたが、六月十八日、秀隆は武田氏の旧臣により殺害された。これについては、信長の死後、秀隆の相談に乗るため、家康が送った家臣・本多信俊(のぶとし)を、秀隆が自分への策謀を疑って殺害したため、家康を慕う甲斐の国人らが秀隆を討ったともいわれる（家康の策謀であったとの説もあるが）。

ともあれ、無主の国となった甲斐を巡って、その後、家康と北条氏直が争奪戦を繰り広げることになる（天正壬午(じんご)の乱）。

家康は先発隊として、大須賀康高(やすたか)と曽根昌世(まさただ)を甲斐に送り込んで地ならしを行い、自らも七月三日に浜松を発ち、同九日に甲府に入った。また、酒井忠次を信濃に派遣し、八月に入って北条軍が南下の動きを見せると、新府城に移った。そして、そこから五キロほど北の若神子（山梨県北杜市）に陣を張り、北条軍と対峙したのである。

北条側の勢力は二万人余り、徳川側は一万人程度であったとされ、家康は劣勢の軍勢を指揮して、何とか持ちこたえた。八月十二日には、甲府の留守部隊を率いる家康の家臣・鳥居元忠らが、徳川軍を挟撃しようと甲斐国東八代郡に侵入してきた北条軍を黒駒(くろこま)（山梨県笛吹市）で撃破した。

さらに九月末、北条氏に帰属していた上田城の真田昌幸が、徳川方に寝返ったことも、家康にとって嬉しい出来事だった。そして十月末、信長の子・信雄、信孝から、上方が落ち着かないので、甲信で和平を図るようにとの勧告があり、家康は信長に厚恩があることから、それに従うことを決意し、両軍は和睦にいたるのである。

㊶北条・徳川の新たな同盟成立
～五ヵ国領有も火種を抱える～

天正十年（一五八二）十月二十九日、家康は北条氏直と和睦した。和睦の条件は主に二つあり、一つは、北条方が占拠していた信濃国佐久郡と甲斐国都留郡を徳川方に引き渡し、代わりに上野国を北条領とするものであった。

この和睦条件は、家康にとってひとまず満足できるものであったろう。これにより、家康はこれまでの三国（三河・遠江・駿河）に、信濃国（南信濃）と甲斐国を加えた五ヵ国を領有する「大大名」になったのである。

しかし、この条件には、のちに家康を悩ませる問題の火種があった。というのは、北条領となった上野国において、沼田城（群馬県沼田市）と岩櫃城（群馬県東吾妻町）を押さえる真田昌幸が、沼田領は自力で獲得したものとして、割譲に従わなかったのである。

さて、和睦のもう一つの条件は、両者の人質交換とともに、北条・徳川の新たな同盟の証として、家康の娘・督姫を北条氏直の正室とするというものであった。督姫の母親は、家康の側室・西郷局（鵜殿長持の娘）である。

家康は、岡崎城に正室・築山殿を置いたまま、永禄十二年（一五六九）に浜松城に移るが、その頃から次々と側室を置くようになった（生涯に十五人以上とも）。築山殿の存命中には四人の側室がいたとされ、彼女たちは順次子どもを産んでいく。

まず、於万（おまん）の方が天正二年（一五七四）二月に次男・秀康を産み、翌年西郷局が督姫を産んだのだった（二二一頁系図４参照）。ちなみに、於万の方は、築山殿の侍女であったため、築山殿は嫉妬に狂い、妊娠中の於万の方を裸にして、浜松城内の木にくくり付けたという逸話もある（築山殿は岡崎城にいたから、嘘くさい話だが）。

西郷局は子持ちの未亡人であったが、家康はその後も阿茶局や茶阿局、お亀の方など子持ちの未亡人を側室にしており、それは、子供の頃、於久、於富という未亡人に養われたせいだ、と揶揄されるようになるのは、前述した通りである。

さて、氏直と督姫の祝言は翌天正十一（一五八三）年八月十五日に行われた。しかし、この婚姻にも呪われた将来が用意されていた。督姫は氏直に嫁いでほどなく二女を産むが、結婚から七年後、豊臣秀吉の小田原攻めにより、夫（氏直）と父（家康）の板挟みに苦しめられることになる。

㊷秀吉とのやり取り
～織田氏の内紛で、信雄・秀吉側に付く～

北条氏と和睦し、同盟を結んだ後も、家康は甲府に残り、甲斐・信濃の計略に本腰を入れた。一方、織田氏内では、逆賊・明智光秀を討ったことで、羽柴秀吉が俄然発言力を強めた。

柴田勝家像（北の庄城址／福井県福井市）

そうした中、羽柴秀吉からの知らせが届く。天正十年（一五八二）十一月一日付の石川数正宛て書状で、柴田勝家の謀りにより、織田信孝が謀反を企てたので、丹羽長秀・池田恒興・秀吉の三人が相談し、織田信雄を立て尽力することとなった、と伝え、家康が信雄に従うと決した時には、仰せ越されたい、と言ってきたのである。

本能寺の変の後、尾張国の清洲城で開かれた、織田氏重臣らによる会議（清洲会議）で、織田氏の後継者を信長の嫡孫・三法師（三歳）にすることが、秀吉の主導により決まったが、その後、秀吉と柴田勝家の対立が深まり、双方がそれぞれ、信長の子である信雄、信孝を擁して、睨み合うようになっていたのである。

秀吉は十二月七日に京都を発って、十一日に佐和山城（滋賀県彦根市）へ入り、柴田勝家の養子・勝豊が守る長浜城（滋賀県長浜市）を攻略。十六日には大垣から織田信孝のいる岐阜城（元織田信忠の居城）を攻めて、同城にいた三法師を安土城（元織田信長の居城）に移した。

これに対し家康は、同年十二月二十六日、自分も指示次第に出陣する用意があること、また、織田信雄を引き立てると申されたことを喜んでいる、と秀吉に申し送った。

家康は、織田氏の内紛において、織田信孝・柴田勝家方ではなく、織田信雄・羽柴秀吉方を支持することを明確にしたのである。

それは、勝家よりも秀吉の力を評価したこともあろうが、信長の後継者として信孝よりも信雄が相応しいと考えたのだろう。

天正十一年（一五八三）の正月を浜松で迎えた家康は、同月十八日、尾張国の星崎（名古屋市南区）で織田信雄と会った。信雄は閏正月五日に安土に着城している。三月十九日、家康は甲斐・信濃を見回るため、浜松を出馬した。

それからひと月後の四月二十日、秀吉軍は「賤ケ岳（しずがたけ）の戦い」で、柴田勝家の軍勢を破った。その余勢を駆って越前に侵攻し、同月二十二日、勝家の居城・北ノ庄城を攻め落とした。勝家は自刃した。勝家と組んで秀吉に対抗していた織田信孝も、兄・信雄に攻められて、五月二日（四月二十九日とも）に野間の大御堂寺（おおみどうじ）（愛知県美浜町）で自害した。

その間、家康は秀吉に書状を送り、秀吉軍の攻勢を「心地よく候」とし、自分も信濃表の平定が進んだので、ほどなく帰陣するつもりである、と伝えている。

五月二十一日、家康は石川数正を坂本城（滋賀県大津市）に在

賤ケ岳古戦場（滋賀県長浜市）

城中の秀吉のもとに遣わし、戦勝祝いとして、茶入れ「初花肩衝（はつはなかたつき）」を送った。お返しに秀吉は、八月六日、津田左馬（さま）を家康のもとに遣わし、不動国行の刀を進呈した。

その後家康は、北条氏と関東の諸領主との和睦を図り、関東の「無事」を自らの手で実現させると、秀吉に伝えていたようで、秀吉は同年十月二十五日付の家康宛て書状で、いまだ関東の「無事」は実現していないが、それを引き延ばそうとする者があれば、貴殿と談合のうえ、軍勢を派遣して成敗したい旨を書いて寄こした。この時、秀吉は家康に鷹を進呈しており、この時点では、両者の関係は主従、上下の関係でなく、対等であったと考えられている。

秀吉への臣従 1584～

㊸「小牧・長久手の戦い」で秀吉と勝負
～裏をかく戦術で、秀吉に泡を吹かせる～

織田信孝・柴田勝家が滅んだ後、織田信雄が安土城の三法師の後見人として、実質的に織田家の家督を継ぐ格好になったが、やがて、羽柴秀吉が天下取りの野望を明らかにし始めると、両者の関係は一気に悪化した。

信雄は、勝家側に付いて降伏した滝川一益の旧領・北伊勢を領地に加え、尾張・伊勢・伊賀の三国を領有することとなり、伊勢長嶋城（三重県桑名市）に本拠を置いた。一方で秀吉は、池田恒興・元助父子をそれぞれ大垣城（岐阜県大垣市）と岐阜城（同岐阜市）に移し、自らは大坂城の築城を開始した。

天正十一年（一五八三）十一月頃には、両者はいつ衝突してもおかしくない状態となるが、そうした中、信雄が頼りにしたのが家康であった。しかし、家康は甲斐・信濃の計略で忙しく、すぐには対応できなかったようだ。

家康が重臣・酒井重忠を尾張に遣わし、信雄と密談をしたのは、翌天正十二年（一五八四）二月のことであった。その結果、家康は信雄支援の姿勢を明らかにしたのだろう、三月六日、信雄は、秀吉に通じた嫌疑で、津川雄光・岡田重孝・浅井長時の三重臣を長嶋城に誘って斬殺した。

これにより、秀吉と信雄の間の戦端に火が付く。秀吉と家康が直接対決したことで名高い「小牧・長久手の戦い」の勃発である。家康は三月七日に早くも浜松を発ち、十三日には清洲城に入って、信雄と面会し、今後の戦略を協議した。

家康はなぜ秀吉を敵に回したのか。彼が支援してきたのは、あくまで信長の後継者である信雄であり、秀吉が信雄に反旗を翻した以上、彼を敵と見なさざるをえなかったのだろう。秀吉を排除して自分が織田氏を牛耳ろうなどとは思ってもいなかったに違いない。

さて、両者の戦いは、三月九日に北伊勢で始まったが、美濃の池田恒興・元助父子、森長可が秀吉側に付いたことで、局面が変わる。同月十三日、池田・森軍が信雄方の犬山城（愛知県犬山市）を攻め、わずか一日でこれを落としたのだ。これに対して、家康は直ちに北伊勢に配備していた酒井忠次の軍勢を尾張に派遣する。

長久手古戦場（愛知県長久手市）　提供：長久手市

十七日、森長可が犬山城を出て、南方数キロの羽黒まで進出したところを、酒井忠次の軍勢が襲撃し大勝利を収めた（羽黒の合戦）。これにより、家康は態勢を立て直し、二十八日、小牧山（愛知県小牧市）に陣を張った。一方の秀吉は、小牧山の西北に位置する楽田に布陣し、以後尾張方面が戦いの舞台となる。

両軍の勢力は、秀吉側が約十万、家康側は一万六、七〇〇〇であった。四月六日、秀吉は劣勢の家康が籠城戦を採らぬよう、敢えて別動隊を三河へ侵攻させ、家康軍を小牧山から引き出そうとした。別動隊は秀吉の甥・羽柴秀次を大将とし、池田・森軍を先陣に進軍したが、同月九日、家康は榊原康政・大須賀康高を先陣にして、長久手（愛知県長久手市）において、別動隊を最後尾から襲撃させた。続いて家康の本隊も加わり、別動隊を大いに打ち破った。

世に言う「長久手の合戦」であり、家康は作戦に当たって、

「敵軍を三河に引き込み、岡崎に押し込めて戦えば、勝てるかもしれないが、本陣の小牧山から遠いので不安がある。小牧山付近で戦えば、秀吉が楽田からすぐに後詰に入るだろう。そうなると、戦場は長久手しかない」と考えたという。

この戦いで秀吉側は、池田恒興・元助父子、森長可という名将を含め、一万人を失ったといわれる。敗戦の報を聞いた秀吉は、直ちに大軍を率いて救援に向かうが、家康はすでに小牧山へ引き上げたあとであった。秀吉軍との兵力差を考えて、勝っても深追いしないよう自らを戒め、自軍の者にもそう命じていたのである。

家康は四月九日付で、甲斐にいる家臣、平岩親吉と鳥居元忠に「今日の午の刻、岩崎口において合戦に及び、池田恒興・森長可・堀秀政・長谷川秀一ほか大将分、人数一万余を討ち捕らえた。すぐに上洛を遂げるので、本望を察せられるよう」と、高揚感をもって報じている。

ちなみに、長谷川秀一とは、本能寺の変の後の「伊賀越え」において、家康の案内役を担ってくれた長谷川竹丸のことである。皮肉にもかつての命の恩人を家康は敵に回したことになるが、実際にはこの時、秀一と堀秀政は死亡していないようである。

しかし、その後両軍は、主力同士がぶつかることなく、小競り合いと調略（外交）戦が続く。九月になると、和睦の話が出始め、一旦は破談となるが、十一月十一日、伊勢桑名南方の矢田河原で、秀吉と信雄が会見し、講和が成立したのだった。

講和の条件は、信雄側が秀吉に人質を出し、北伊勢五郡を除く伊勢国と伊賀国を引き渡すというものであり、実質的には信雄側の敗北と言えた。この条件に基づき、十二月十二日、家康も次男の於義伊（のちの結城秀康）を人質（養子）として、秀吉のもとに送った。この時、於義伊は十一歳で、石川数正の子・勝千代と本多重次の子・仙千代が於義伊に従っている。

秀吉は、「自分はすでに五十歳になるが、いまだ家を譲る男子がいないので（側室・淀殿が第一子・鶴松を産むのは、これより五年後のことである）、徳川殿の御曹司の一人を養子にいただいて、両家が交わりを結べば、天下にとってこの上なくめでたいことである」と持ち掛けたともいわれるが、もちろん家康は、額面通りには受け取らなかったろう。

和議は信雄が家康に無断で行ったもので、和議に対する家康の本心はどうであったか。秀吉と決着をつけたい思いはなかったのだろうか。

和議からひと月半後の同年十二月二十五日、越中国（富山県）の佐々成政が浜松に来て、家康に秀吉との戦いを継続するよう説いたが、家康は応じなかったといわれる。秀吉との兵力差を考えれば、それはたぶん正しい判断だったのだろう。

㊹上田城を攻撃するも撃退される
～望まなかった戦い？～

天正十三年（一五八五）に入ると、秀吉は反対勢力への攻勢を強め、三月に和泉・紀伊の根来・雑賀を滅ぼし、ついで四国の長宗我部元親を攻めて、八月に元親と和議を結び、さらに越中の佐々成政の攻撃にかかるなど、小牧・長久手の戦いにおいて、家康に協力的であった勢力への切り崩しを進めていった。

この間、秀吉は朝廷内の関白職をめぐる争い（関白争論）に乗じて、朝廷に圧力を掛け、自らが従一位関白に叙任されることに成功する。「関白秀吉」の誕生である。一方、家康は、秀吉の攻勢によって不利に立たされたうえ、内部にも問題を抱えていた。

というのは、同年七月、北条氏の要請により、臣従していた真田昌幸に上野国の沼田城（群馬県沼田市）を北条氏へ引き渡すよう命じたところ、昌幸がそれを拒否したのである。本能寺の変の後、家康は旧武田領をめぐって北条氏と戦ったが、同氏と和睦する際、上野国は北条領とすることを約束していたのだった。

しかし、昌幸にしてみれば、沼田領は自力で獲得した領地であり、替地も明らかにされず、徳川・北条の取引で取り上げられることは我慢ならなかったのである。真田氏は元武田氏の家臣であり（昌幸は三方ヶ原の合戦・長篠の合戦にも参加していた）、武田氏の命を受けて沼田城を攻略したのであるが、武田氏の滅亡後、沼田城は織田氏の重臣・滝川一益の管理下となった。

昌幸は一旦織田氏に付いたものの、本能寺の変後、武田旧領に北条氏が侵攻し、上野国から一益を駆逐すると、昌幸は沼田城を確保し、北条方となった。ところが、家康が甲斐に入り攻勢を強めると、突然北条氏を裏切り、徳川方に臣従するようになっていたのだ。

こういう変幻自在の昌幸であったから、家康から強硬に沼田領を北条側へ引き渡すよう、改めて求められると、今度はこれまでの敵であった、越後の上杉景勝に近づいたのである。この時、昌幸は次男の信繁（幸村）を人質として上杉氏に差し出している。

家康は、臣下の昌幸が、理由には一理あるとしても、自分の命令に従わないのは許しがたく、また何より北条氏との和睦条件を反故にすることは、対面上到底できなかったのだろう。

天正十三年（一五八五）閏八月二日、家康は鳥居元忠・大久保忠世らを大将とし、七〇〇〇の大軍を真田氏の居城・上田城（長野県上田市）に差し向けるが、相手は予想以上に手ごわかった。昌幸

上田城（長野県上田市）

は長男・信幸とともに巧みな戦術を駆使し、二〇〇〇ほどの兵でもって徳川軍に大打撃を与えたのである（真田側は、徳川軍を城中深く誘い込んでおいて、潜ませていた鉄砲隊により一斉に攻め立てたといわれる）。家康は真田軍の攻勢の前に、出兵からひと月後の閏八月末、やむなく兵を引かざるを得なかったのであった。

実は、家康は上田城を力技で攻めるつもりはなかった、という逸話もある。当初家康は、

「真田昌幸は、信玄の懐刀（ふところがたな）と言われたほどの老巧な武士であるので、当然守備は堅いであろう。そのうえ、彼の兄二人（信綱・昌輝）は、長篠の戦いで我が軍に討たれているので、今回弔い合戦をしようと思っているかもしれぬ。昌幸のような小大名に、五ヵ国を領有する徳川が敗れては、大きな恥となる。ここは使者を送って、交渉させせよ」と命じた。ところが、家臣たちのたっての願いにより、大軍を派遣することになったというのだが、果たして真相はどうであったか。

㊺ ついに秀吉の臣下となる
〜長いものに巻かれたか〜

小牧・長久手の戦いの後、秀吉は家康を臣下に取り込もうと、さかんに上洛を家康に勧めてきた。しかし、家康は言を左右して、なかなかそれに応じなかった。

天正十三年（一五八五）九月になると、秀吉から家康に対し、新たな人質を求める要請が強まり、家康は同年十月二十八日、家臣を浜松城に集めて評定を行い、秀吉に家老中から人質を出すべきか否か審議した。その結果、人質を出すのはよくないという意見が大勢を占めた。

ところが、その半月後の十一月十三日、岡崎城代の石川数正が妻子とともに出奔し、あろうことか秀吉のもとへ身を寄せるという事件が起こる。数正は秀吉の実力を熟知し、人質を出すべきだと考えていたらしく、強硬派の家臣らの中にあって、身の危険を感じてのことのようだ。

ともあれ、数正は叔父・石川家成に続いて西三河の旗頭を務めた、古くからの重臣であり、家康にとってその出奔は大きな痛手であったろう。家康は直ちに岡崎城に入り、同城の普請や軍法の整備、三河の婦女子の遠江への避難を準備するなど、秀吉の攻撃への対策を講じた。徳川の戦い方を熟知している数正が、秀吉の軍師になって攻めてくることを恐れたのである。

実際、秀吉は家康との人質交渉が進まない中、十一月十九日までに「家康の成敗」を決断しており、翌年二月十日までに出馬すると諸大名に報じていた。

しかし、年が明けて天正十四年（一五八六）一月二十七日、家康は、説得のために岡崎を訪れた織田信雄と会って協議を行い、その結果、二月八日に秀吉と家康間の和議が整ったのであった。これにより、秀吉の妹・朝日姫の家康への輿入れが決まり、五月十四日、浜松で祝言が行われた。

この時、家康は四十五歳、朝日姫は四十四歳だった。朝日姫は既婚であったが、秀吉は夫に五〇〇石の捨扶持を与えて離婚させたといわれ、家康懐柔への意気込みが感じられる。築山殿が殺害されて以降七年間、家康には正室がいなかったが、こんなことなら、早く正室を娶っていたらよかったと、家康は悔やんだかもしれない。

朝日姫の墓がある東福寺南明院（京都市東山区）

妹婿となった家康に秀吉は出仕を要請するが、それでも家康は上洛しようとしなかった。同年九月、家康は十七年間過ごした浜松から本拠を駿府に移した。五ヵ国統治の便宜のためとされるが、秀吉のモーションからできるだけ距離を置きたい、という思いからとの説もあるらしい。

しかし、秀吉は諦めなかった。今度は齢（よわい）七十二歳の母・なか（大政所）を人質として、家康のもとに送り込んできたのである。四十路の妻とその老母を押し付けられては、さすがの家康ももはや抵抗できなかったのだろう、ついに上洛を決意したのであった。

その決定にあたって、家康が重臣らに意見を問うと、酒井忠次らは、

「秀吉の心中がまだよく分かりません。上洛しないことで向こうが攻めてきても、姉川や長久手の戦いで相手の戦い方は分かっているので、恐れるに足りません。どうか御上洛はお考え直しください」

と諫めたが、家康は、

「お前たちの忠告は感心であるが、日本は百年余りも戦乱が続いておる。それが収まり、罪のない人民の命が救われるなら、わしが命を落とすのは、大したことではない」と答えたとも伝わる。

ともあれ、天正十四年（一五八六）十月二十七日、家康は大坂城（大阪市中央区）で秀吉と対面し、秀吉に臣従する姿勢を示したのだった。その直前の九月九日、秀吉は正親町天皇から豊臣姓を賜り、羽柴秀吉から「豊臣秀吉」に改名していた。

家康は秀吉と対面する際、馬一〇疋、金子一〇〇枚、梨地（なしぢ）の太刀を秀吉に進上し、「何様にも関白殿次第」と秀吉の前で額づいた――そう聞いた西国の諸大名は、大政所を人質にして上洛された徳川殿でさえ、そのようであるのか、とますます秀吉への尊敬の念を深めたというから、正に秀吉の戦略通りであったろう。

しかし、一方で秀吉は、その前夜に家康のもと

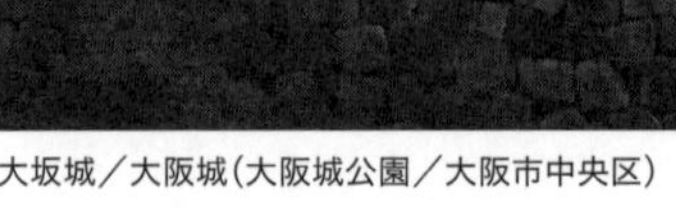
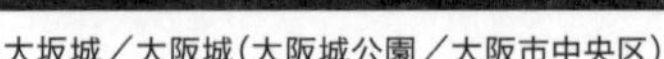
大坂城／大阪城（大阪城公園／大阪市中央区）

にやってきて、家康の手を取り座敷に招いて、酒を酌み交わしながら、こう言って入魂を約したという。「自分が昔草履取りをする下男であったことを知らぬ者はいない。織田殿に引き立てられ、今がある身なので、天下の諸侯はうわべは敬っているようだが、心の中では見下している。家臣となった者は、皆かつての同僚や同じ位の者たちなので、本当の主君とは思っていない。秀吉に天下を取らせるのも、失わせるのも、徳川殿の御心一つにかかっている。このことをお願いしたいため、上洛をお勧めしたのです」と言って、家康の背中をポンと叩いたといわれるが、「人たらし」たる秀吉の姿が目に浮かぶような、実(まこと)しやかなエピソードである。

㊻清華成のうえ、聚楽第行幸に従う
～朝廷にも顔を売る～

家康を従属させたことにより、秀吉は翌天正十五年（一五八七）から自ら九州征伐に乗り出し、同年五月には島津氏を降伏させ、九州平定を達成した。家康は本多広孝を従軍させ、広孝は秋月の巌石城(がんじゃくじょう)（福岡県添田町）攻めで手柄を立てている。

八月五日、家康は凱旋する秀吉を祝賀するため上洛し、同月八日、朝廷より従二位・権大納言に任じられた。この年の秋以降、家康は少し余裕が出たのか、領国内で鹿狩りや鷹狩りを楽しんでいる。

そして、年が明けて天正十六年（一五八八）三月、家康は再び上洛し、秀吉が企画した後陽成天皇の聚楽第行幸(じゅらくだいぎょうこう)に臨んだ。前年の十一月七日、正親町天皇が譲位し、同二十五日に和仁(かずひと)親王が即位して、後陽成(ごようぜい)天皇となっていたのだ。

ちなみに、正親町天皇の後を継いで即位する予定だった誠仁(さねひと)親王は、天正十四年（一五八六）七月二十四日、急死しており、家康が秀吉に臣従する前後のことだったので、その死因をめぐって、いろいろ取り沙汰されたようである（秀吉が親王に代わって天皇になるのでは、という噂も）。

ところで、聚楽第（京都市上京区）は、関白となった秀吉が、政庁兼邸宅として、旧平安京内裏(だいり)跡に築いた城郭で、天正十五年（一五八七）九月に完成していた。堀を巡らせた北の丸・西の丸・南二の丸などの曲輪があり、庭には名木・奇石を並べ、御殿には七宝をちりばめ、瓦には金を塗るという豪奢なつくりだった。

また、外郭内には、豊臣秀長・豊臣秀次など秀吉の親族や、前田利家・黒田孝高(よしたか)・細川忠興(ただおき)・蒲生氏郷・堀秀政ら秀吉臣下の大名の邸宅が、建ち並んでいたといわれる。

さて、上洛した家康は三月二十九日、聚楽第行幸に先立ち、織田信雄・豊臣秀長・豊臣秀次とともに清華成(せいがなり)している。清華成とは、摂関家に次ぐ家格を持つ公家・清華家になることであるが、家康ら

聚楽第跡（京都市上京区）

の場合は、儀礼に臨むための必要によるものだったとされる。

行幸は四月十四日から同十八日まで行われた。初日には、七献の饗宴と管弦が催された。饗宴に相伴したのは二十一人で、家康もその中の一人だった。武家出身者としては、豊臣秀吉・織田信雄・豊臣秀長・豊臣秀次・宇喜多秀家・徳川家康の六名であった。

十五日、秀吉は諸大名に誓紙の提出を求め、家康は織田信雄・豊臣秀長・豊臣秀次・宇喜多秀家・前田利家と連署で誓紙を挙げている。誓紙の内容は、聚楽行幸に際し、昇殿を許されたことへの御礼のほか、関白秀吉の命には何事であろうといささかも背かないこと、などであった。秀吉は武家への官位や豊臣姓の授与を積極的に進めており、この誓紙により、豊臣公儀の確立を図ったとされる。

この時期の朝廷は、政治的・経済的にも弱体化していたが、その権威はいまだ利用価値があると家康は見ていたに違いない（実際、それまでから皇族の法事費用の進上など、朝廷への経済的支援を行っている）。ただ、そう考えるのは他の武家も同じであったので、家康はこうした都での行事を通じて、自らの存在を朝廷関係者へアピールすることを怠らなかったのだろう。

行幸三日目の十六日には歌会が開かれ、家康は、松の葉のように天皇の繁栄が永遠であることを祝福し、次のような歌を詠んでいる。

みとりたつ松の葉ことに、此君の千年のかすをちきりてそ見る

㊼五ヵ国総検地を実施
～領国の地盤を固める～

家康は、戦国武将として生き延びていくには、ヒト・モノ・カネがいかに重要であるか、早くから熟知していたようである。そして、秀吉に臣従してからも、そのための対策を怠らなかった。

天正十五年（一五八七）と十六年の両年、家康は度重なる上洛等の経費を賄うため、給人領・寺社領等へ納入年貢の二パーセントを賦課する、いわゆる「五十分の一役」を実施しているが、その後、家康は本格的な税対策に乗り出す。

天正十七年（一五八九）二月から翌年一月にかけ、領国五ヵ国（三河・遠江・駿河・甲斐・南信濃）において、総検地を行ったのである。領国支配を強化するため、太閤検地とは別ものとして、実施されたようだ。

この総検地は、徳川氏直属の奉行人により執行され、天正十七年七月七日以降、七ヵ条定書（さだめがき）（法令）が領国の各村々に出された。七ヵ条の内容はおおむね次のようなものであった。

①年貢は、五里以内であれば、百姓が地頭の所まで運ぶ

②陣夫は二〇〇俵に馬一疋・人足一人ずつ出すこと。扶持米は六合、馬大豆は一升を地頭が出すこと。馬が無い時は、歩夫二人を出すこと。人夫に徴発された者は、夫免として一反につき一斗年貢を引くこと

③百姓屋敷分として、百貫文に三貫文、中田の斗代で免除する（三パーセント差し引く）こと
④領主が百姓を使役するのは年十日、代官の場合は三日とすること
⑤四分の一役（人足役の一種）は、一〇〇貫文に二人出すこと
⑥大風・大水・大旱（日照り）による災害時には検見を行い、年貢は上・中・下を舂法（ついほう）（稲穂を籾にする）で定めること
⑦竹藪を所持している者は、年に公方（徳川氏）へ五〇本、領主に五〇本出すこと

この五ヵ国で一斉に行われた、農民にも配慮したきめ細かい施策により、家康は郷村単位で、実態を把握することができるようになり、俵高制に基づく、給人領や寺社領の安堵が適宜行われた。その結果、徳川氏による領国支配は格段に進展したのであった。

㊽「小田原攻め」に参陣
～縁戚・北条氏の説得に努める～

前述のとおり、天正十六年（一五八八）四月の後陽成天皇の聚楽第行幸の際、秀吉は諸大名に関白秀吉へ服従する旨の誓紙を提出するよう命じた。多くの大名はその命に従ったが、北条氏は従わずに出仕を拒み続けたため、豊臣政権内では北条氏に対する強硬意見が徐々に強まっていった。

北条氏直に娘（次女・督姫）を嫁がせている家康としては、それを見るに見かね、同年六月二十一

日、北条氏政・氏直父子宛てに起請文を送った。

その中で、北条領を望むようなことは決してしないと誓うとともに、今月中に兄弟衆の上洛と父子の秀吉への出仕を求め、それが納得できないなら、娘（督姫／氏直の室）を返してもらう、とまで言い切った。しかし、北条氏内部には上洛を主張する氏直・氏規（氏直の叔父）と上洛を拒否する氏政・氏照兄弟との対立があり、簡単には家康の意向に沿うことがかなわなかった。

七月十四日、家康は家臣の朝比奈泰勝を北条氏規に遣わし、一刻も早く上洛するよう督促している。ようやく氏規が上洛し、聚楽第で秀吉に謁見したのは、家康が在京中の八月二十二日のことであった。これにより、家康も「関東惣無事」が成ったと安堵したことであろう。ところが、思わぬ事態が発生する。

秀吉は氏規の上洛を受けて、懸案であった上野国沼田領の扱いについて、三分の二を北条領、残り三分の一を真田領とする裁定を下した（割譲分の替地は家康が真田方に補償することになった）。

北条氏はこれを受け入れ、氏政が出仕することも決まったが、翌天正十七年（一五八九）十一月、北条方の沼田城守将・猪俣邦憲が、真田方の名胡桃城（群馬県みなかみ町）を攻略し、秀吉の裁定を無視する行動に出たのである。秀吉は激怒し、五ヵ条からなる弾劾状を北条氏政に送りつけた。

秀吉の弾劾状の写しが各大名にも送られ、それを受け取った家康は急遽上洛し、十二月十日に聚楽第で秀吉と北条氏討伐の審議を行った。なお、その間に北条氏政と氏直から、事態の弁明と取り成しを求める書状が、駿府へ送られているが、家康はすでに駿府を出た後であった。

聚楽第での審議の結果、家康は三万の軍勢を率いて、豊臣軍の先鋒を務めることになった。秀吉の怒りを鎮めることはもはや不可能と家康は悟ったのだろう。こうして、翌天正十八年（一五九〇）二月十日、家康は小田原へ向け駿府城から出馬した。

出馬に際して、家康は十五ヵ条に及ぶ軍法を定めた。秀吉の朱印での御諚に背かないこと、のほか、喧嘩口論の禁止、進軍にあたって脇道の禁止などの項目からなり、この条々に違反する者は、容赦なく成敗するとしている。この軍法のおかげで、徳川軍は何の混乱もなく進軍できたという。

またこれ以前に家康は、自分が北条氏の縁戚であることから、秀吉に忠誠を誓うため、三男で嫡男の長丸（のちの秀忠）を秀吉のもとに送っている（二二一頁系図4参照）。

十二歳だった長丸の上洛は、秀吉の養女となっていた織田信雄の娘（小姫）と結婚するという名目であったが、長丸に接した秀吉は、

「長丸は利発で、父親同様公儀を大切に思っているようだ。このまま在洛させておいて、人質だと取り沙汰されては、家康殿のためにもよくないだろう」として、早々に長丸を駿府に帰したのだった。

これに対して、家康は家臣らにこう命じたと伝わる。

「関白殿が今回速やかに長丸を返したのは、まもなく関東へ軍勢を出すのに、我が領内の城々を借りようという下心があるからだ。こころして準備しておくように」

実際、戦が始まると、秀吉は家康が予想した通りのことを求めてきたので、家臣らは家康の洞察力に恐れ入ったという。

さて、三月二十七日、家康は織田信雄とともに、駿河の三枚橋（静岡県沼津市）で秀吉を出迎えた。

同月二十九日、豊臣軍は山中城（静岡県三島市）を攻略すると、小田原へ進軍し小田原城（神奈川県小田原市）を包囲した。家康は同城の東、酒匂方面に陣を張った。

以後、二十万ともいわれる豊臣軍は、小田原城を包囲しながら、関東各地の北条方の城を次々と攻略していった。家康の家臣も、本多忠勝・鳥居元忠・酒井家次らが上野国や上総国、下総国、武蔵国の城々を攻め落とす活躍を見せた。

小田原城（神奈川県小田原市）

北条氏の敗北は時間の問題となる中、家康は六月七日に、伊豆の韮山城（静岡県伊豆の国市）に籠る北条氏規に対し、下城して氏政・氏直父子のことを秀吉に詫びることが専一と申し送った。最後の忠告であった。

七月五日、北条氏直はついに降伏して、小田原城を開城した。城受け取りの大役を担ったのは、家康の家臣・榊原康政であった。秀吉は氏直・氏規を高野山に追放し、氏政・氏照には自決を命じた。氏直が厳罰を免れたのは、ひとえに家康の娘婿であったからだろう。こうして、早雲以来五代、百年にわたって関東に君臨した北条氏（後北条氏）は滅亡したのであった。

小田原征伐を終えた秀吉は、その足で奥羽仕置（東北地方の領土処置）に出向いた。その結果、秀吉はほぼ全国制覇を成し遂げ、実質的に戦国動乱の世は終わりを告げることになった。なお、氏直に嫁いでいた家康の娘・督姫は、氏直の死後、池田輝政と再婚し、慶長二十年（一六一五）二月四日、輝政の居城だった姫路城（京都とも）で、疱瘡のため亡くなっている。

㊾ 関東転封の命下る
～進んで江戸に本拠を置く～

秀吉が小田原城に入城したのは、同城開城から八日後の天正十八年（一五九〇）七月十三日のことであった。そこで秀吉は、早速、小田原攻めの論功行賞を行った。家康には、駿河・甲斐・信濃・遠江・三河の五ヵ国に替えて、北条氏の旧領である武蔵国（東京都・埼玉県）、相模国（神奈川県）、上総国（千葉県中部）、下総国（千葉県北部・茨城県南西部）・伊豆国（静岡県伊豆半島）・上野国（群馬県）の大半、下野（しもつけ）国（栃木県）の一部が与えられた。

家康の旧領五ヵ国は、尾張・伊勢を領していた織田信雄に与えられたが、信雄は父祖伝来の尾張にこだわって、これを拒んだため、秀吉の怒りを買って改易されてしまう。このため、これら地域には信雄の代わりに秀吉の家臣に与えられた。

駿河は中村一氏（かずうじ）、三河は田中吉政・池田輝政、遠江は山内一豊・堀尾吉晴、甲斐は加藤光泰、信濃は仙谷秀久（せんごくひでひさ）ほか四名の領地となったのである。

関東転封の命を受けた家康は、武蔵国の江戸城（東京都千代田区）を本拠とすることに決め、それまでの本拠・駿府には帰らず、八月一日、直接江戸城に入った。

江戸城は、扇谷上杉氏の家臣・太田道灌が、十五世紀の半ばに築城したとされるが、その後の戦乱で荒れ果て、周りは民家もまばらで、ススキ原が広がっていたという。

秀吉が小田原征伐の後、奥州仕置のため江戸に立ち寄った際、関白を泊まらせる寝殿もなかったので、家康は仕方なく、法恩寺（東京都墨田区）を宿舎として秀吉をもてなしたという。

総検地を進めるなど、五ヵ国の統治を着々と進めていた家康にとって、関東への転封はできれば避けたいものであったろう。秀吉に臣従し、同盟者から家臣に成り下がった悲哀を身に染みて感じたかもしれない。

しかし、それを拒否すれば、信雄と同じ運命が待っていたろう。秀吉は早くからこの考え（関東転封）を家康にほのめかしていたようだ。秀吉にしてみれば、これまで敵地であった国々を任せられるのは、家康をおいてほかにはいないと考えたらしい（一方で、関東は長く北条氏が治めていた土地なので、主君が変わると必ず一揆が起こり、家康が不案内な土地で一揆に敗北するのが狙いだったとの説もある）。

すでに四十九歳になっていた家康だが、速やかに頭を切り替え、新天地で生きていくことを決意したのだろう。転封の話を聞いて、家臣らが騒ぐのを、家康はこう言って、戒めたという。

「お前たち、そうむやみに心配するな。わしは、旧領を離れてどこへ移ったとしても、一〇〇万石の領地さえあれば、上方へ攻め上ることは可能なのだから」

確かに転封とはいえ、二百四十万石の「超大大名」である。家康は、働きのあった家臣らに関東に多くの所領を与えた。主なところでは、井伊直政に箕輪（上野国）一二万石、榊原康政に館林（上野国）一〇万石、本多忠勝に大多喜（上総国）一〇万石、酒井家次に臼井（下総国）三万石、大久保忠世に小田原（相模国）四万五〇〇〇石などである。

この後家康は、豊臣政権随一の重臣として、力を発揮していく。

㊿「朝鮮出兵」のため名護屋へ
～渡海を望む秀吉を諫める～

家康が江戸に入った翌年、天正十九年（一五九一）の三月、秀吉の奥州仕置に不満を抱いていた九戸城（岩手県二戸市）城主・九戸政実が挙兵した。世に言う「九戸の乱」の勃発である。

秀吉は豊臣秀次を総大将とする仕置軍を編成し、家康もそれに加わった。六万に及ぶ仕置軍は八月末に奥州へ進撃、激しい攻防の末、九月四日、九戸城の政実らが投降し、反乱は鎮圧された。

いよいよ国内に敵のいなくなった秀吉は、国外に目を向け、あろうことか、中国明の征服（唐入り）を企図するようになった（大名たちの不満が高まらないよう、彼らの領土欲を外地にそらす必要があったからとも）。そして、同年十月、大陸への渡海拠点として、肥前国に名護屋城（佐賀県唐津市）の築城を軍師・黒田孝高(よしたか)(官兵衛)に命じたのである。

十二月二十八日には、「唐入り」に専念するため、関白職を甥の豊臣秀次に譲り、聚楽第も秀次に与えて、自らは大坂城に移った。秀吉は本気だったのである。

秀吉はまず朝鮮へ軍を差し向けようとするが、この秀吉の外征計画を家康はどう見ていたのだろうか。こんな逸話がある。

江戸にいる家康のもとに、秀吉の使者が来て朝鮮出兵について伝えた時、本多正信(まさのぶ)が「殿は渡海なさるのですか」としつこく聞くと、家康は、

「何度もやかましい。では聞くが、誰が箱根を守るのか」と言って、機嫌を害したという。

そもそも、日本が外国に攻め入るのは、天智(てんち)二年(六六三)の「白村江(はくそんこう)の戦い」以来のことであった。家康は朝鮮出兵の無謀さに気づいていたはずだが、この頃の秀吉に意見するのは、それこそ無謀だったのだろう。従うしかなかったのである。

翌天正二十年(一五九二)三月十七日、家康は伊達政宗・上杉景勝・佐竹義宣(よしのぶ)・南部信直(なんぶのぶなお)らとともに、名護屋城へ向かって京都を出発した。家康の率いる軍勢は一万五〇〇〇ほどだったといわれる。

秀吉は少し遅れて出陣し、四月二十五日に名護屋城に到着した秀吉を、家康は現地で出迎えたのだろう。それに先立つ四月十二日、小西行長(ゆきなが)・宗義智(よしとし)の率いる第一軍が対馬・大浦から出陣し、その日の夕方、釜山に上陸している。「文禄の役」の始まりであった。

当初秀吉は、四月末には自ら渡海する決意を示していたが、それは取りやめとなった。なぜなら、

家康と前田利家が諫めたからである。秀吉が出船すれば、従う者たちは、疾風急雨の難があっても競って渡海し、前後を失うのではないか。まずは部隊を派遣し、そのうえで秀吉が動座すれば、との考えからであった。

これ以前にも、浅野長政が渡海中止を諫言して、秀吉の怒りを買い、逼塞を命じられていたが、家康は、この時ばかりは真摯に秀吉にもの申して、彼を納得させたのだった。それだけ、秀吉の信頼を得ていたということだろう。

そうかあらぬか、家康は渡海することなく、秀吉とともに名護屋に留まった。七月二十二日、秀吉の母・大政所が危篤となり（その日に死亡）、秀吉はすぐに帰坂し、再び名護屋に戻る十一月一日まで、家康と前田利家が留守役を務めた。帰坂するに当たって、秀吉は家康に、

「朝鮮のことは、徳川殿に任せるので、人に意見を聞くまでもなく、浪速に考えを示す必要もなく、御心一つで然るべき判断をされよ」と言い、在陣の諸将にも家康の命に従うよう伝えたという。この年、家康は名護屋で越年した。

文禄二年（一五九三）三月、秀吉は朝鮮での戦略について、漢城（ソウル）から撤退し、晋州城（慶尚南道晋州市）攻略へと方針転換する。そのため、上杉景勝・伊達政宗の部隊が渡海するが、家康と前田利家はこの時もまた名護屋に残った。利家は家康の三つ年上で、元柴田勝家の与力であったが、賤ケ岳の戦い以降、秀吉側となって、その後の戦いで活躍し、秀吉の信頼を得ていたのであった。

五月十五日、明の特使、謝用梓と徐一貫が名護屋へ到着し、秀吉はその接待を家康と利家に命じた。

六月二十八日、秀吉は明使に、明皇帝の姫を日本の天皇の后にする、勘合(かんごう)貿易を再開させるなどを和議条件とする七ヵ条を明使に示した。

明使はそれを持って帰国の途に付くが、その条件では到底和議は成立しがたく、朝鮮で小西行長と明の軍人・沈惟敬(しんいけい)が策を練って、日本からの文書を偽装したとされる。

同年八月三日、秀吉の側室・淀殿が第二子・お拾(ひろい)（秀頼）を産んだ（第一子・鶴松(つるまつ)は、二年前に三歳で亡くなっていた）。それを聞いた秀吉は、八月中旬に大坂に戻り、家康も後を追うように名護屋を出て大坂に向かい、その後、京都に入った。

名護屋を離れることになった家康は、

「夢かうつつか、これでやっと、国に帰って鷹狩りが出来るわい」と言って、喜びを露(あらわ)にしたという。以後、秀吉も家康も二度と名護屋城へ戻ることはなかった。

(51) 上方での交流の日々
～芸は身を助けたか～

文禄二年（一五九三）八月、家康は秀吉を追いかけ、京都に戻ったが、もちろん秀吉の指示があったからであろう。勝手に派遣先の持ち場を離れることなど、許されるわけがないからである。同年閏九月十三日、家康は伏見城普請の縄張りのため、伏見指月(しげつ)に足を運んだ。

伏見城は秀吉が自らの隠居場所として、前年に建設したものであったが、秀頼（お拾）が生まれたことで、大坂城を秀頼に譲り、伏見城は隠居場所ではなく、秀吉の本城とすべく改修されることになったのである。岡崎城、浜松城、駿府城、江戸城といった名城の城主を務めてきた家康は、城づくりについても長けていたのだろう。

家康は伏見に屋敷（現乃木神社付近）を構え、文禄三年九月頃からは、京都から伏見へ拠点を移したとされる（京都では、聚楽第南に屋敷を構え、そこを宿所としていたようだ）。

文禄二年十月、家康は一旦江戸に帰り、伏見城の普請のため、一万石に二〇〇人の人夫を家中に課すとともに、普請中の五ヵ条の法度を定めた。そして、翌文禄三年（一五九四）二月二十四日、京都に戻り、以後、文禄四年（一五九五）五月まで、上方にあって、伏見城普請の監督に勤しんだ。

一方で家康は、この間上方の武家・公家・寺院・医師・文化人らと精力的に交流し、自ら茶会を催したり、能を演じたりもしている。これらは、もちろん趣味の活動という次元に留まらず、自身の基盤を強化するため、多方面での人脈を築こうとしたものだろう。

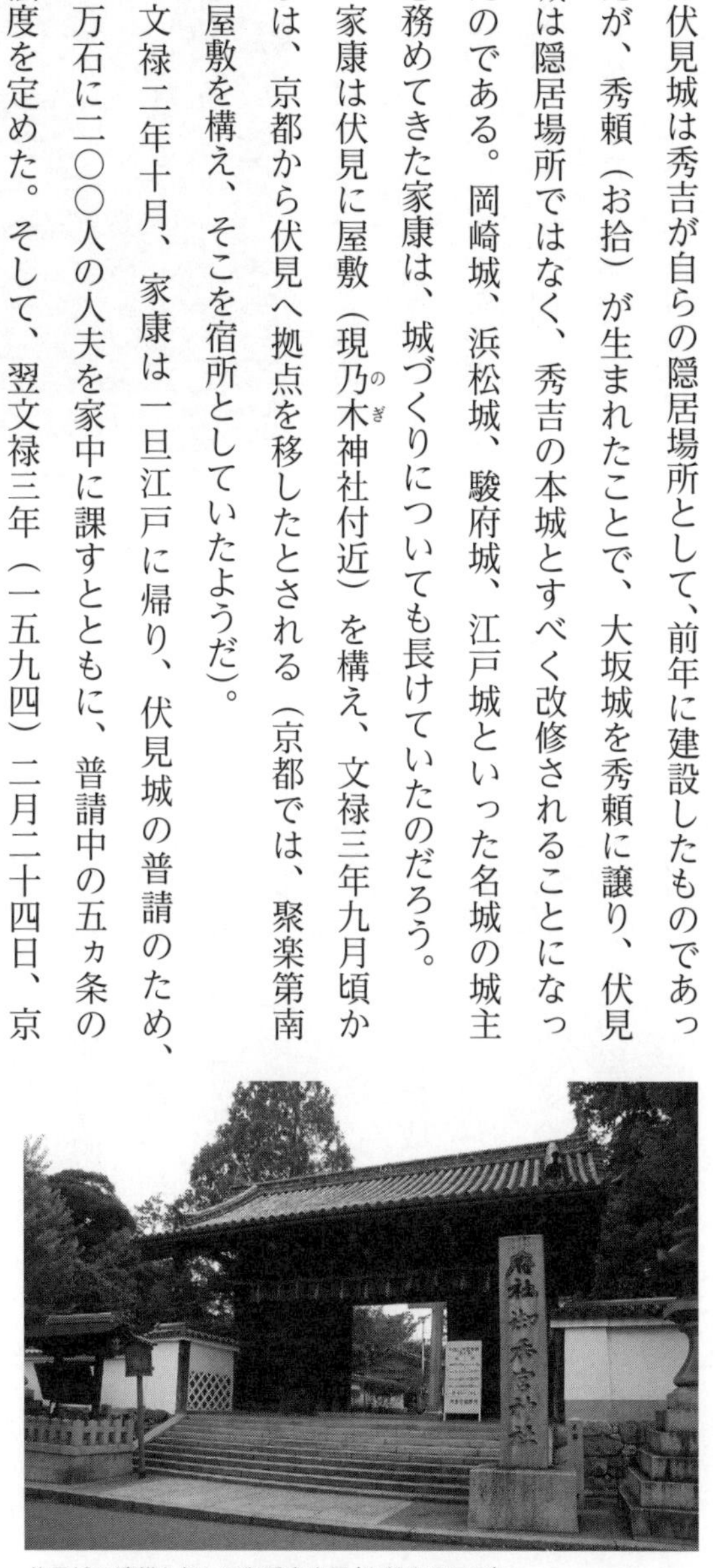

伏見城の遺構と伝わる御香宮表門（京都市伏見区）

家康は信長・秀吉ほどではないにしろ、当時の武士の嗜みとして、茶の湯に通じていたようである。前述した通り、本能寺の変の前日、津田宗久らの茶会に出席しているし、天正十五年（一五八七）の秀吉主催の北野大茶会にも参加、また天正十九年（一五九一）には、千利休の茶席に一人招かれ、饗応を受けている。

茶の湯に比して、能に対する家康の愛好の度合いは遥かに高いものであった。家康が能を学んだのは、少年期、今川氏への人質として、駿府にいた頃とされる。今川氏は能楽の名門・越智観世座との関わりが深く、当時駿府にいた観世七世の兄から、家康は指南を受けたというのである。

浜松城主時代には、嫡男・信康の元服を祝って、二日にわたって能が催され、家康・信康父子で能を演じている。信長が家康を安土で饗応した際、能楽師を呼んでもてなしたのは、家康の能好きを知ってのことであろう（能を演じた梅若太夫が余りに

北野大茶会で使われたとされる太閤井戸
（北野天満宮／京都市上京区）

不手際だったため、梅若は信長に折檻されたといわれるが）。

こうした人的交流を通じて、家康は自身のシンパを広げていくことに成功したのだろう。しかし、一番のシンパとなったのは、主君である秀吉だったかもしれない。

文禄三年（一五九四）二月二十九日、家康は吉野の秀吉仮屋形での歌会に参加、四月十五日には、秀吉が催した聚楽第での能で松風を演じた。六月五日には、伏見の屋敷に秀吉を招いて茶会を催し、九月九日には、秀吉自らが伏見の家康邸を訪問しているのだ。

なお、指月伏見城は文禄五年（一五九六）閏七月十二日の深夜に発生した地震（慶長伏見大地震）で倒壊した。しかし、その木材を再利用して、近接の木幡山ですぐに再建が始まり、翌年には新たに木幡山伏見城が完成した。

㊾「秀次事件」で速やかに起請文に署名
～秀吉から「坂東」を任される～

お拾（秀頼）が生まれたことで割を食った人物がいた。秀吉の甥・豊臣秀次である。前述したように、秀次は秀吉から後継者として関白職を譲られ、聚楽第の当主にもなっていた。それは、秀吉と淀殿との第一子・鶴松がわずか三歳で病死し、もはや実子は望めないと秀吉が悟ったからであった。

ところが、秀頼が誕生したことで事態は大きく転換する。血の繋がった我が子に跡を継がせたいと考えるのは、秀吉ならずとも人情であろう。しかし、天下人たる秀吉としては、自らが選んだ後継者をその場から引きずり下ろすには、対面上相手側に原因をつくる必要があったようだ。

秀次の異常ぶりを取り上げた「殺生関白伝説」なるものがある。正親町天皇崩御の日に、喪に服すどころか鹿狩りに出掛けたとか、神聖な比叡山内でサルやイノシシを狩り、その肉を延暦寺根本中堂で食べたとか、はたまた、農作業をする百姓を的に鉄砲の練習をしたとか、といった類の話だが、秀吉筋の策謀によるものだったのか、文禄四年（一五九五）七月三日、秀次は謀反の嫌疑を掛けられ、同八日、関白職を剥奪のうえ、高野山に幽閉された。そして同十五日、秀吉に切腹を命じられ、自刃して果てたのだった。

さらに、八月二日には、秀次の妻妾・子女ら三十余名が三条河原で斬首された。また、秀次の邸宅・聚楽第も解体され、建物の一部は伏見城に移築された。

この秀次事件には連座した大名もあり、秀次と親交のあった伊達政宗は譴責（けんせき）処分を受けている。秀吉は江戸にあった家康を呼び戻した。家康は七月二十四日に伏見に到着した。その際、家康が秀吉に対し、

「こたびのこと、私は良いとは思いませぬ。関白殿（秀次）に異慮があるなら、どこかへ配流して警固の者を付ければよかったのです。秀頼殿はまだ幼いのですから、もし思いも寄らぬ変事が起こった時に、関白殿がいらっしゃれば、世の中が俄かに乱れることもないでしょう」と意見を述べたところ、それを聞いた秀吉は、

「こたびのこと、徳川殿の上洛を待って処理しようと思ったが、上洛が遅れたので、形式通りのことを申し付けた。今後は世の中のことは皆、徳川殿に任せる」と答えたという。

さて、秀吉は七月二十日付で、諸大名から起請文や血判状を出させていたが、家康も毛利輝元・小早川隆景と連署で、七月二十四日

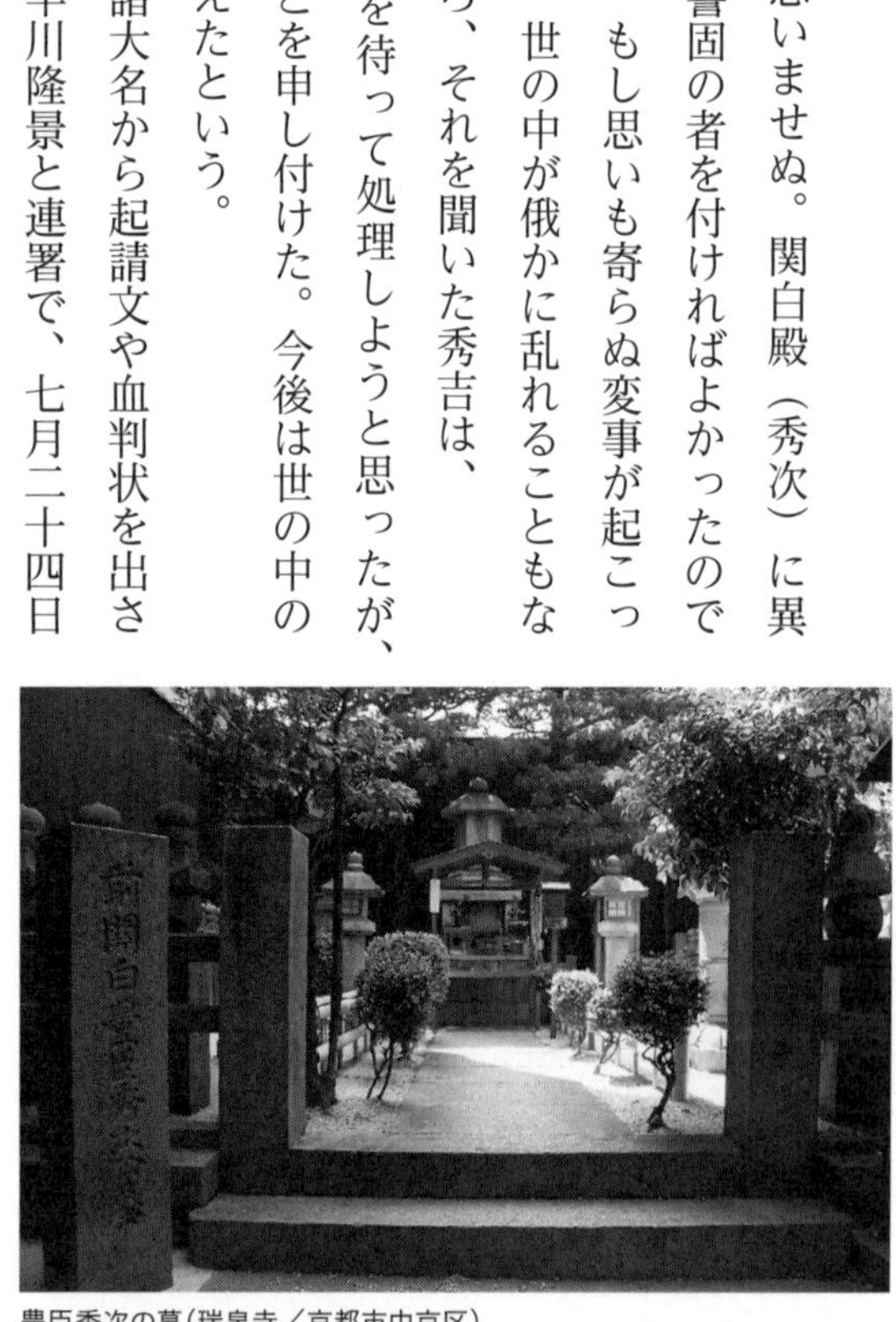

豊臣秀次の墓（瑞泉寺／京都市中京区）

に起請文を提出した。

その起請文で注目すべきは、第四条で、坂東の法度・置目・公事篇は家康が、坂西は、輝元と隆景が取り扱うこととし、第五条では、日常的に在京してお拾（秀頼）に奉公し、万一下国する場合は、家康と輝元が交互で下ることとされた。これはすなわち、日本を二分し坂東を家康に、坂西を毛利輝元に仕置を委ねるという秀吉の意志を示したものであった。

さらに八月三日には、徳川家康・宇喜多秀家・前田利家・毛利輝元・小早川隆景（こばやかわたかかげ）・上杉景勝の連署により、「御掟（おんおきて）」及び「御掟追加」が制定された。「御掟」は五ヵ条からなり、

①大名の婚姻は秀吉の許可を得ること
②大名同士で誓紙を取り交わすことの禁止
③喧嘩口論が起こった時には、我慢した方に道理がある
④無実を申し立てる者がある時は、双方を召し寄せ究明すること
⑤乗り物使用の許可要件

が定められ、一方「御掟追加」は九ヵ条からなり、

①公家・門跡は、「家々道」を嗜み「公儀御奉公」に勤めること
②寺社は、寺社法を守り学問勤行に勤めること
③領知の支配は収穫高の三分の二を領主のもの、三分の一を百姓のものとし、田地が荒れないよう心掛けること

④側室・下人・持ち家の制限
⑤知行分の奉仕と義務
⑥目安が出された場合には、「十人之衆」が取り扱い、双方を召し寄せ、申し分を聞き談合の上、秀吉の耳に入れること
⑦衣装の紋に、無許可で菊紋（天皇家）、桐紋（豊臣家）を使用しないこと
⑧大酒の禁止
⑨覆面をして往来することの禁止

などが定められた。

「御掟」「御掟追加」は、広い階層を対象にした法として、のちの徳川幕府が定める「武家諸法度（ぶけしょはっと）」等に先行するものであった。

家康は、こうした起請文や法度の制定に素直に応じながら、秀吉家臣内での自らの地位を再確認するとともに、そう先のことではない秀吉後の豊臣公儀のありようについて、考えを巡らし始めたに違いない。

㉝ 秀吉の死去
～遺言に従い政務を引き受ける～

文禄五年（一五九六）五月十一日、家康は秀吉の執奏により、正二位内大臣に叙任された。秀吉を除けば武家の最高位となったのである（同時に前田利家も従三位大納言に叙任されている）。

ところで、秀吉の晩年、豊臣政権を支える態勢として、五大老・五奉行制が布かれる。五大老は徳川家康・宇喜多秀家・上杉景勝・毛利輝元の五人、五奉行は前田玄以・浅野長政・石田三成・増田長盛・長束正家の五人であった。五大老が政策を立て、五奉行が実務を担うという建前であったが、家康は利家と二人で、政務を取り仕切るようになる。

同年閏七月十二日、慶長伏見大地震が起こり、指月伏見城は損壊を受けるが、家康は利家とともに、秀頼の大坂城への移徙、伏見城再建にあたっての地形見極め、新たな御座所の設定などについて、秀吉に進言している。

一方、朝鮮出兵のほうは、同年九月に明から冊封使が来日し、大坂城で秀吉と面会するが、和平交渉は結局決裂し、翌慶長二年（一五九七）正月、戦いの第二ラウンド「慶長の役」が始まった。家康は朝鮮からの戦況の情報を把握するように努めた。

同年五月十七日、木幡山に新たに完成した伏見城へ、秀吉・秀頼が移徙することを祝って惣礼が催され、家康もそれに出席している。

年が改まって慶長三年（一五九八）三月十五日、秀吉は歴史上有名な「醍醐の花見」（京都市伏見区）を催した。秀頼、北政所、淀殿をはじめ、諸大名とその女房・女中衆ら総勢一三〇〇人が参加する盛大な催しであったが、この花見に家康は出席しなかったようである。

というのは、家康は前年秋から江戸に下っていて、ちょうど三月十五日に伏見へ戻ってきているからである。ともあれ、このイベントが秀吉の最後の栄華となった。同年五月頃から、秀吉は病に伏せるようになるのである。

自らの死期を悟った秀吉は、同年八月五日、五大老に宛てた遺言状をしたためた。そこには「返す返す、秀頼の事頼み申し候」とあり、秀吉の第一の心残りが、まだ六歳と幼い秀頼の行く末だったことがしのばれる。また、実際に五大老・五奉行を召して、死後のこまごましたことを命じたが、その中でも特に家康と利家に対して、繰り返し秀頼の取立てを命じたといわれる。次のような逸話が残されている。

秀吉が家康を枕元に呼んで、

「わしの死後、天下の大小事は皆、徳川殿に譲るので、良いように取り計らってほしい」と頼むと、家康は涙を流して、

「自分は才能に乏しく度量（どりょう）も狭いので、とても天下の指図などできません」と固辞したが、

「ならば、秀頼が成人するまで、貴殿が後見として政務を取り仕切ってほしい」と秀吉は重ねて懇願した。そして、利家に対しては、

醍醐寺の桜（京都市伏見区）

豊国神社（京都市東山区）

「天下のことは徳川殿に頼んだので安心である。秀頼の補導にそなたの教諭を仰ぎたい」と申し付けた。家康は利家と相談して、遺命に沿う旨の誓状を秀吉に出し、秀吉を安心させたという。

一方で、五奉行・五大老の間でも頻繁に起請文が交わされた。内容はいずれも似通っていて、秀頼に対して秀吉同様の奉公を誓うこと、太閤政権の法度・置目の遵守、大名間での徒党の禁止などであった。そして八月十八日、豊臣秀吉は、木幡山伏見城において、その波乱万丈の人生の幕を閉じた。六十三歳だった。

秀吉の死はしばらく伏せられ、遺体が伏見城から運び出され、阿弥陀ヶ峰（あみだがみね）山頂（京都市東山区）に埋葬されたのは、翌慶長四年（一五九九）四月十三日のことであった（その五日後、秀吉を祀る豊国（とよくに）神社の遷宮の儀式が同峰の麓で行われている）。しかし、家康は秀吉の死の直後から、フル回転の対応を迫られることになる。

秀吉の死によって、家康は秀吉に代わってすぐに天下人になろうとしたとは、考えにくい。まずは、幼い秀頼のもとで、何とか豊臣公儀を維持していこうと腐心したのではないか。

6章 関ケ原合戦へ 1599〜

㊹ 朝鮮からの撤兵
〜速やかに帰国命令を出す〜

秀吉の死後、家康が最初に取り組んだのは、朝鮮からの撤兵であった。やはり、家康は朝鮮出兵には反対だったのだろう。

前述の通り、慶長二年（一五九七）正月以降、朝鮮出兵の第二ラウンド「慶長の役」が始まっていた。これは、その前年九月に明の使節が来日し、その時持参した国書の内容を見て、秀吉が激怒したからであった。国書には、秀吉が主張した講和条件が全く反映されていなかったのだが、前述の通り、講和条件は偽造されていたから当然のことであった。

さて、慶長の役では、日本軍の残虐行為が著しく、朝鮮民衆に対して、虐殺、鼻切り、日本への強制連行などが行われた。しかし、明・朝鮮連合軍の抵抗も激しく、日本軍はさしたる戦果が上げられず、半島南部の海岸線に釘付けになっていた。

また、加藤清正（きよまさ）や黒田長政など、石田三成の不公平な秀吉への戦況報告に不満を抱く武将も少なくなかった。こうして、日本軍の間には、厭戦気分が広まっていたのである（秀吉はさらなる侵攻を計画していたようだが）。

秀吉の死から十日後の慶長三年（一五九八）八月二十八日、早くも家康・毛利輝元・宇喜多秀家・前田利家の連署で、黒田長政ら朝鮮在陣の諸将に、朝鮮との和議と撤兵を指示している。

ちなみに、九月三日には、五大老・五奉行連署による六ヵ条の起請文が作成され、その中で、諸事仕置については、十人の衆（五大老・五奉行の十人）の多分（多数決）によって決めることと定められた。

九月五日、上杉景勝を除く四大老の連署で、改めて朝鮮在陣の諸将に、朝鮮との和睦を指示するとともに、帰朝のための船を三〇〇艘送ると伝えた。その後もたびたび、五大老連署により在朝鮮諸将に帰国を命じる書状が出された。

これを受けて、日本軍の戦地からの撤兵が始まり、十一月中旬に釜山に集結すると、順次日本へと帰国した。そして、同月末の島津軍の帰国を最後に、七年に及んだ「朝鮮の役」は終わりを告げたのだった。こうした速やかな終戦処理によって、家康は、一刻も早く帰国したかった、多くの豊臣系大名の好感を得たことは間違いないだろう。

朝鮮人の耳や鼻が埋められた耳塚（京都市東山区）

㊺ 石田三成を匿う
～度量の深さを見せつける～

秀吉の死後、豊臣政権内にも不協和音が生じ始める。慶長四年（一五九九）正月十日、秀吉の遺命に従って、秀頼が伏見城から大坂城に移り、秀頼の傅役（後継ぎを育てる役目）として前田利家も大坂城に入った。この頃、家康は伊達政宗や福島正則、蜂須賀家政と婚姻関係を持った。正月十九日、これは四年前の「御掟」第一条に違反するとして、四大老・五奉行が家康を非難した。

しかし、第一条では大名間の婚姻は秀吉の許可を得ること、となっているが、秀吉亡き今、秀頼はまだ幼く、秀吉に代わって許可を与えるのが、豊臣政権の政務を任された家康ということであれば、非難は当たらないということになる。

果たして、家康はそれを知ったうえで、確信犯的に行為に及んだのか。ともあれ、この件については、二月五日に双方が起請文を交わし、婚姻関係は解消されないままに決着をみたのであった。

同年閏三月三日、前田利家が病没する。大老職は、利家の嫡男・利長が引き継ぐが、これを機に、豊臣政権の集団指導体制である五大老・五奉行制が瓦解してゆく。

朝鮮出兵以来、石田三成に恨みを持つ加藤清正・福島正則・浅野幸長・蜂須賀家政・黒田長政・藤堂高虎・細川忠興の七将が、三成の大阪屋敷を襲撃しようとする事件が起きた。それまでから、秀吉の家臣の間には、武断派（前期七将ら）と文治派（三成のほか、長束正家、増田長盛、大谷吉継ら）

との根深い対立があった。利家の調整によって両者の衝突は防げていたのだが、利家の死によって、武断派の憤懣が一挙に噴き出したのであった。

さて、七将の襲撃を察知した三成は、伏見の自邸に避難した。三成は家康を排除しようという動きを見せていたので、伏見にいた家康にとって、三成を滅ぼす絶好のチャンスであった。しかし家康は、ここで頭をひねるのである。

家康の家臣らは「この機をとらえて三成を成敗し、以後の禍（わざわい）の目を取り除こう」と主張したが、計略に長けた本多正信が、深夜家康の寝所を訪ねて、

「殿は三成のことをどのように思われているのか」と尋ねると、家康は、

「そのことを、あれやこれやと今思案しているところだ」と答え、それを聞いた正信は、安心して引き下がった、という逸話が残されている。

結局、家康は、両者の仲裁に乗り出し、閏三月十日、三成を五奉行の座から退かせたうえ、佐和山城（滋賀県彦根市）へと退去させたのであった。三成の身柄を武断派に引き渡すこともできたであろうが、ここは血なまぐさい事態を避け、五大老の筆頭として、中立的な措置をし、度量の深さを世に示したほう

佐和山城跡（滋賀県彦根市）

が得策と考えたのかもしれない。

　利家が死に、石田三成も五奉行からはずれたことにより、豊臣政権における家康の政治的立場はさらに強まった。慶長四年（一五九九）閏三月十三日、家康は伏見向島の自邸から、伏見城西の丸へ居を移した。伏見城は秀吉の政庁であったから、これを伝え聞いた奈良興福寺の僧侶は、

「（家康が）天下殿になられ候。目出候」と日記に記している（多聞院日記）。世間は、家康を「天下人」と見なし始めたのである。

㊻「会津（上杉氏）攻め」を決断
～三成の挙兵、承知で出征する？～

　天正四年（一五九九）七月から八月にかけ、上杉景勝、前田利長が相次いで帰国し、上方に残る大老は家康・毛利輝元・宇喜多秀家の三人となった。同年九月初旬には、「重陽の節」に大坂へ向かう家康に対し、暗殺計画の企てがあるとの密告があり、これを主導したという嫌疑で浅野長政が失脚し、五奉行も前田玄以・増田長盛・長束正家の三人となった。

　ところで、この暗殺計画には前田利長も関わっていたとされ、一時、家康が利長の本拠・加賀を攻めるのではないか、との噂も流れたが、のちに利長が母・芳春院（まつ）を人質として差し出すことで、事態は収まっている。

そうした中、家康は同年九月二十八日、京都へ移った高台院（秀吉の未亡人）と入れ替わりに、大坂城二の丸に入り、自らが豊臣公儀として政務を取り仕切るようになった。この間、家康は七月に大泥国（マレー半島バタニ国）への返書に「日本国源家康」の名を使用している。また、八月十四日の参内では、「三献の儀」を振舞われ、天皇から秀吉や室町将軍と同じ扱いを受けた。

年が明けて慶長五年（一六〇〇）二月末、会津（福島県西部）に転封したばかりの上杉景勝をめぐって、不穏な噂が流れた。越後から会津に移った景勝は、諸城の修復・新築を行い、兵糧を貯え、大量の武器を調達しているというのだ。その報告を受けた家康は、使者を景勝のもとに派遣し、すみやかに起請文を書き、上洛するよう伝えた。

相国寺の僧・西笑承兌からも、上杉家の家老・直江兼続に勧告の書状が出されたが、石田三成と懇意である兼続は、四月十四日付で、十六ヵ条に及ぶ弁明・反論の書状、いわゆる「直江状」を送り返してきた。家康は、その傲慢無礼な文面を見て、豊臣公儀に逆らう者として、上杉氏の討伐に踏み切るのである。時に家康、五十九歳であった。

これに対して、前田玄以・増田長盛・長束正家の三奉行は、近年東北は凶作が続いており、兵糧の確保が難しく、雪が降り出す時期に向かうので、兵が苦労するとの理由で、家康の出征を諌めたという。また、加藤清正が、

「畏れ多くも内大臣が自ら出陣するのは、余りに軽々しい振舞いと世間の人は思うでしょう。また、御老体の身で、長い旅路は大変なことです。さらに、御出征後、奉行人らが景勝と示し合わせて、東

西から一度に挙兵したら、御進退が厳しくなるでしょう。それよりは、細川忠興・福島正則・黒田孝高・黒田長政・池田輝政・藤堂高虎などに征討を命じられ、それでも御心配ならば、伊達政宗・最上義光などをお付けになれば、簡単に軍功を挙げてみせましょう」と言って、家康に出征を思い留まらせようとしたところ、家康は、

「自分は武門の家に生まれ、若い時から戦場を家としてきた。しかし近年、内大臣という重圧を受けて、戦のことを忘れてしまっていた。幸い、今回の征伐は、老後の思い出とするものなので、意気込んでいるのである。東西で敵が挙兵しようとも何ほどのことか。心配には及ばない」と言って、その諫言を退けたと伝わる。

むしろ、家康は三成の挙兵を見越して、もっと言えば、それを望んでいたようにも受け取れる逸話だが、豊臣政権内の亀裂を正すには、もはや荒療治しかないと考えていたのではないか。そして、そのための大義が欲しかったのだろう。いずれにしろ、家康はあらゆる危険性を承知のうえで、会津への出征を決意したに違いない。

上杉景勝の居城だった会津若松城
（鶴ヶ城／福島県会津若松市）

㊼「小山評定」での協議
～豊臣系大名の進言で決断する～

慶長五年（一六〇〇）六月十六日、家康は大坂城を出て伏見城に入り、十八日に会津征伐に向け、伏見城を出発した。家康が大坂城を出る際、秀頼から黄金二万枚・米二万石の餞（はなむけ）があった。今回の会津攻めは、あくまで豊臣公儀により行われる建前であったのだ。

家康に従ったのは、井伊直政・本多忠勝・榊原康政・本多正信・酒井家次など徳川譜代の家臣のほか、山内一豊（かずとよ）・堀尾忠氏・有馬豊氏・池田輝政・田中吉政・福島正則・黒田長政・細川忠興・藤堂高虎・加藤嘉明（よしあき）・生駒一正・蜂須賀至鎮（よししげ）といった豊臣系大名たちであった。

家康らは七月二日に江戸に着き、戦備を整え、十九日に秀忠が先発、家康は二十一日に江戸を出発した。ところが、出陣前に上方で石田三成・大谷吉継（よしつぐ）が挙兵したとの報が入った。二十四日、家康は下野国小山（栃木県小山市）で、先発していた秀忠を呼び戻し、そして翌二十五日、いわゆる「小山の評定」が行われたとされる。

上方では、佐和山に蟄居していた三成が、吉継とともに三奉行を抱き込み、五大老の一人、毛利輝元を大坂城に招き入れ、七月十七日には「内府ちがいの条々」という、十三ヵ条からなる家康への弾劾状を諸大名に送りつけた。これは、豊臣公儀としての家康追討を意味するものであった。条々を受け、近畿・中国・九州の豊臣恩顧の諸将が、続々と大坂に集まってきているという。

この事態は、家康にとって、想定内ではあったかもしれないが、悩ましいものだったに違いない。三成は、会津へ出陣した大名らが大坂に残した妻子を人質にとっており、すぐにでも上方の動きを阻止したいが、秀頼の命で出陣した以上、簡単には途中で引き返すことはできない。また、上杉氏をそのままにしておくのも不安が残る。

所伝によると、小山での評定で、家康は諸将を前に、

「各々方の妻子は、みな大坂にいるのであるから、思い悩むのは道理である。速やかにこの陣を引き払って大坂に上り、三成らに味方したとしても、決して恨んだりはしない。我が領内で宿舎や人馬のことは抜かりないよう命じているので、心置きなく大坂へ向かうがよい」と鷹揚(おうよう)なことを言うと、諸将は愕然として、しばらくは誰も言葉を発しなかった。がやがて、福島正則が進み出て、

「このような時に、妻子への情に引かれ、武士の道を踏み外すことがあってはならないと考えます。私は徳川殿のために、身命を賭してお味方します」と言うと、黒田長政・浅野幸長・細川忠興・池田輝政をはじめ、同席の諸将はみな、福島の言に同意した。

ところで、秀吉は大坂城を築いた時、諸大名に対し、城下に邸宅をもうけて妻子を住まわせるように命じていた。一朝有事の際に人質にするためであったが、三成はそれを逆用したのである。細川忠興の妻・ガラシャは、よく知られているように、三成方の人質になることを拒否して、家臣に胸を突かせ自害。一方、黒田長政は家康の養女を妻としていたが、近くの細川邸で火の手が上がった隙に、黒田家の家老らが、長政の母と妻を木箱に入れて、運び出したといわれる。

さて、諸将の進言を受けて家康は、
「ならば、まずは会津に入って、景勝を滅ぼし、その後に上方へ軍を進めるべきか、または景勝は放置し、先に上方へ向かうべきか」と問うと、諸将はみな、
「上杉は問題の本筋ではありません。宇喜多（秀家）や石田（三成）らこそが大元の原因でありましょう。この際、会津は放置し、上方の討伐を急ぐべきです」と主張し、ついに上方へ反転することが決定されたという。

ともあれ、小山での、福島正則や黒田長政ら豊臣系大名の強い進言もあって、会津攻めは延期され、踵（きびす）を返して三成らを討つことが決まったのであった。彼らの支持があったらばこそ、家康はその決断ができたのだろう。とてもトップダウンで決定できる状況ではなかったに違いない。

㊽天下分け目の「関ケ原合戦」へ
～調略を尽くして決戦に臨む～

小山評定の翌日、慶長五年（一六〇〇）七月二十六日に、福島正則や池田輝政ら豊臣系大名の大半が小山を発って西上を開始した。正則が、自分の居城である清洲城を捧げると申し述べると、掛川城の城主・山内一豊はじめ、東海道に城を持つ諸将は、皆同様のことを口にしたという。

家康は上杉方への備えとして、次男の結城秀康を総督として宇都宮城に入れ、そのもとに伊達政宗、

最上義光、蒲生秀行らを置いた。そして、自らは八月四日に小山を発ち、五日に江戸に戻った。

しかし、その後ひと月近く、家康は江戸から動かなかった。それは、先陣した豊臣系諸将の動きを見ていたからともいわれる（家康は福島ら先陣に、監視役である目代として、井伊直政と本多忠勝を付けていた）。

また、藤堂高虎は小山を出陣する際、家康に、

「今回先陣を命じられたのは、みな豊臣家恩顧の者たちであり（高虎自身もそうだが）、一時の義により徳川殿の味方になったものの、その心中は分かりません。わたくしが催促するまでは江戸を出馬なさらぬように」と忠告したとも伝えられる。

一方で家康は、秀忠を上野国から信濃へと向かわせた。上田城の真田昌幸をはじめ、信州方面の西軍勢力を抑えつつ、中山道を西進させようとしたのであった。

先発の豊臣系諸将は尾張国清洲城に集結していたが、家康はそこへ取次の村越茂助を派遣した。村越の到着後、軍議が開かれ、その場で加藤嘉明が、

「我々は、このように何もせず、ただ家康殿の出馬を待つべきではない。いざ一戦を交えて忠義を示そうではないか」と発言し、織田秀信の居城・岐阜城へ攻め入ることを決めたという。

八月二十一日、池田輝政・福島正則を先鋒に岐阜城の攻略に向かい、二十三日に同城を落とした。城主・織田秀信は幼名を三法師といい、前述した通り、三歳の時、清洲会議で秀吉によって、織田家の後継者に立てられた信長の孫（信忠の子）である。

すでに二十歳となっていた秀信は、家康の会津征伐に従軍する予定であったが、出陣が遅れ、その間に三成の勧誘を受けて、西軍に与していたのだった。降参した秀信は、さすがに命までは奪われず、高野山への追放となった。そして、この五年後、二十六歳の生涯を終えている。

さて、岐阜城陥落の報告を受けた家康は、中山道を進む秀忠と自分が到着するまでは、軍事行動を控えるように指示し、九月一日に江戸を出馬した（高虎からの出馬要請があったとも）。

一方の西軍は、大坂城で秀頼を擁しながら、七月半ばから近国の平定を開始していた。同月十九日、宇喜多・島津・小早川の軍勢が、徳川方の拠点となっていた伏見城の攻略に向かい、八月一日にこれを落とした。

伏見城を守っていたのは、三河譜代の鳥居元忠。元忠は家康の三つ年上で、家康が今川氏の人質として駿河にいた頃から仕え、家康が今川氏から自立して以降、数々の戦いで軍功を上げていた。

こんな逸話が残る。家康は、上杉征伐に当たり、元忠に、

「この城の留守は人数が少ないので、苦労をかけるかもしれぬ」と言うと、元忠は、

「恐れながら、重要な会津攻めには一騎でも多くお連れください。この城は私と松平近正（ちかまさ）（大給松平氏）の二人がおればことが足りましょう」と答えた。

「それはどうであろうか」

疑問を呈した家康に、元忠はこう説明した。

「この後も、今日のように平穏であれば私と近正の二人で十分です。しかし、大軍に取り囲まれる

ようなことがあれば、近国に後詰する味方もおらず、たとえ五倍、七倍の人数がいても、落城は免れません。お役に立てる人数を伏見城に留めて、無益に戦死させてしまうのはもったいなく思い、こう申し上げたのです」

これを聞いた家康は、感極まったように二の句が継げなかったという。そんな元忠の討ち死には、家康の闘争心に火をつけたことだろう。

話をもとに戻すと、西軍はほかにも、細川幽斎（藤孝）の居城・丹後田辺城（京都市舞鶴市）を同月十八日から攻撃（二ヵ月持ちこたえて九月十三日に開城）、さらに、東軍に寝返った京極高次が籠城する大津城（滋賀県大津市）を、毛利元康（輝元の叔父）・立花宗茂らの軍勢が攻撃した（九月十五日に開城）。

九月十一日、家康は清洲に到着する。そこで、秀忠の遅参を知るが、家康は秀忠軍を待たずに進軍することを決断する。秀忠の軍勢は三万以上を擁する徳川軍最大規模の部隊である。それを待たずに決戦に臨むということは、よほどの勇気がいっただろう。

しかし、小山から反転して以降の調略活動が功を奏し始めていたようだ。家康は関ヶ原合戦の前日までに、秀忠や家臣からのものを含め、二〇〇通近くの文書を全国の諸将に送っているのだ。

同十四日、家康は岐阜から最前線の赤坂へ向かうが、この日、毛利軍の吉川広家・福原広俊へ、本多忠勝・井伊直政の連名で、三ヵ条の起請文を送っている。内容は、①毛利輝元に対し、家康はいささかもぞんざいに扱わない②吉川広家・福原広敏が家康に忠節の上は、如在にはしない③忠節が究まれば、家康の直筆の墨付（領国宛行）を輝元にすすめる、というもので、小早川秀秋の重臣・平岡頼勝・稲葉正成にも同様の起請文を送っている。

どうやらこの頃、家康は、西軍のうち小早川秀秋が東軍に寝返ったという情報を得ていたようである。清洲からの移動中、本多忠勝が家康の輿に近づき、

「小早川がお味方するつもりだと黒田長政を通じて申し出があり、すでに人質も取り交わしました」

と伝えた。家康はそれを聞いて、

「そうか、秀秋が寝返るか。それなら戦はすでに勝ったも同然じゃ」と叫んだという逸話がある。合戦前夜には、黒田長政の家臣から、毛利秀元（輝元の養子）も西軍から寝返り、東軍の味方に付くという知らせが入ったともいわれる。

ともあれ、家康は十四日には赤坂（岐阜県大垣市）に着陣して、決戦の態勢を整えたのである。

三成をはじめ西軍諸将の多くは、九月十四日の時点で大垣城（岐阜県大垣市）に集結していた。家康の突然の出現に軍議を開き、家康の本陣に夜襲をかけようという案や、大坂城にいる毛利輝元や大津城を攻撃中の立花宗茂の後詰を待って、東西から挟撃しようという案が出たともいわれるが、東軍が

関ケ原古戦場（家康最後の陣跡／岐阜県不破郡関ケ原町）

佐和山・大坂方面へ西進するという情報を入手すると、大垣城を出て、関ヶ原（岐阜県関ケ原町）で迎え撃つことにしたのであった。

この西軍の決定は、家康にとって、思うつぼであった。東軍西進の情報を流したのは、家康の陽動作戦であった。というのは、城攻めには時間を要することを、家康は熟知していたので（その間に西軍が秀頼を奉じてきたならば、大変である）、何としてでも敵の主力を大垣城から誘い出し、短期決戦に持ち込みたかったのである。

こうして九月十五日早朝、東軍七万人余り、西軍八万人余りが、関ヶ原で対峙したのであった。東軍のほとんどは豊臣系大名の部隊で、徳川家臣の部隊は、松平忠吉（ただよし）（家康の四男）隊と井伊直政隊ぐらいであった。家康の旗本部隊は、桃配山（ももくばりやま）に本陣を置いた。

戦闘は辰の刻（午前八時）に始まり、両軍一進一退の攻防が続いた。昼頃になって、東軍に内通しながら、出撃をためらっていた小早川隊に対し、家康が鉄砲を撃ちかけて、出撃を催促すると、小早川隊はそれに応じ、西軍の大谷隊に突撃を開始した。

これをきっかけに西軍は劣勢となり、南宮山（なんぐうさん）に布陣していた吉川広家・毛利秀元・長束正家・安国寺恵瓊（あんこくじえけい）・長宗我部盛親（ちょうそかべもりちか）の諸隊が動かなかったこともあり、最後は総崩れとなった。天下分け目の戦いは、東軍の圧勝という形で、あっけなく決着を見たのである。

㊾大津城で秀忠と再会
～遅参よりも隊列の乱れを叱る～

関ケ原合戦から五日たった慶長五年（一六〇〇）九月二十日、中山道を進んできた秀忠がようやく大津に到着。大津城で家康と対面した。大津城では九月七日以降、城主・京極高次が、毛利康元・立花宗茂（むねしげ）らが率いる西軍相手に籠城戦を続け、関ケ原合戦当日の九月十五日に降伏したものの、一万五〇〇〇の西軍を大津城に釘付けにし、東軍の勝利に貢献した。家康は高次を高く評価し、のちに若狭八万五〇〇〇石に加増転封している。

その大坂城で家康・秀忠父子は、合戦後初めて顔を合わせたのである。大軍を率いながら関ケ原に遅参した秀忠であったが、家康はそのことよりも、上田城からの無理な行軍で、兵を疲弊させたことを叱責したといわれる。

小山での評定後、秀忠は一旦上杉氏への備えのため、異母兄・結城秀康とともに宇都宮に留まり、その後、家康の命により、三万八〇〇〇の兵を率いて中山道を上田城へと向かった。上田城の城主・真田昌幸は、会津攻めの家康に従っていたが、三成らの挙兵

大津城跡（滋賀県大津市）

を知り、次男・信繁（幸村）とともに西軍に与し、東軍に残った長男・信幸と別れて、上田城に籠っていたのだ（父子・兄弟で敵味方に分かれたのは、どちらが勝っても負けても、真田家は安泰だから、という理由からだったとも）。

九月五日、徳川軍は上田城の支城・砥石城を接収するが、その後、昌幸の策略にあって手間取り、八日に家康から上洛命令の書状が届いたため、美濃方面へ転進したとされる（江戸からのこの書状は、豪雨により到着が遅れたともいわれる）。秀忠は昼夜兼行で危険なルートもいとわず、先を急いだが、十五日の決戦当日には間に合わなかった。

しかも、急ぐあまりに軍の隊列が乱れ、三々五々まばらになって大津へ引き上げてきた。その様子を見て、家康は秀忠を叱責したようなのである。軍規を守ることこそ、兵を預かる大将の基本、と心得ていたのだろう。

家康は秀忠に、

「必ずしも心を痛めることはない。いったいこのような大戦は、囲碁と同じで決め手となる石を取ってしまえば、相手がどんな石を持っていようと役に立たないものだ。真田ごときが城を固めていても、結局はそれを明け渡すことになる」と言い、そなたの供の中にそのようなことを言った者はおらぬか、と聞いた。

秀忠が、「おります。戸田一西という者です」と答えると、家康はいたく感心して、大津城の廃城後、新たにつくられた膳所城（三万石）を一西にあてがったといわれる。一西は、かつて幼少の家康を織田氏へ売り飛ばした戸田康光の同族であったようだが、もはや家康にそんな過去へのわだかまりはなかったのだろう。

ところで、秀忠の遅参については、世間の関心を集めたようで、こんな逸話も残されている。関ヶ原合戦の後、家康は直臣を集めて、三人の息子のうち誰を後継者にすべきか尋ねた。本多正信は結城秀康（家康次男）を、井伊直政と本多忠勝は松平忠吉（家康四男）を選んだが、大久保忠隣（ただちか）は、文徳に優れ謙虚な人柄の秀忠（家康三男）を推した。家康は大久保の意見を重く見、秀忠を後継者に選んだというものだが、信憑性は低そうである。

⑹「関ケ原合戦」の論功行賞
～豊臣系大名に配慮する～

慶長五年（一六〇〇）九月二十七日、家康は大津から大坂に入り、大坂城本丸で秀頼と淀殿に戦勝報告を行った。家康は、あくまで豊臣公儀のもとに、五大老の筆頭として、君側の奸・石田三成らを討ったことを示したのである。

家康は西の丸に留まり、戦後処理を行った。西軍諸将の探索が行われ、小西行長・石田三成・安国寺恵瓊は捕らえられ、堺と京都市中で引き回しのうえ、十月一日に六条河原で処刑された。

毛利輝元については、今回の件は三成や恵瓊に担がれたもので、輝元の意志ではなかったとして、

六条河原（京都市下京区・東山区）

当初本領は安堵するとされたが、家康らが大坂城に戻ってみると、輝元が主体的に動いた証拠がいろいろ出てきて、最終的には、周防・長門以外は没収となった。これにより、毛利氏は一二〇万五〇〇〇石から三六万九〇〇〇石へと大幅な減封となったのであった。

輝元以外の五大老のうち、西軍の主力として戦った宇喜多秀家は、薩摩の島津氏を頼り、同氏の助命嘆願により、死罪を免れ伊豆八丈島への流罪となった。

また、今回の戦のきっかけをつくったともいえる上杉景勝は、厳罰を免れ、会津一二〇万石から出羽米沢三十万石に減封となった。

一方前田利長は、一時家康に異心を疑われ、加賀征伐が持ち上がるほどであったが、三成の挙兵後は、金沢にあって家康側に付き、西軍勢力と戦ったことから、三十六万石加増され、百二十万石の大封を得た。

三成と（東軍に付いた）浅野長政以外の五奉行のうち、長束正家は、南宮山に布陣して直接本戦に参戦はしなかったものの、居城の水口（みなくち）城（滋賀県甲賀市）に戻った後、近江日野で自刃した。

また、関ケ原には行かず、守備隊を率いて大坂城に控えていた増田長盛は、戦後輝元とともに大坂城を退去し、居城・郡山城（奈良県大和郡山市）に籠っていたが、高野山に追放され、のちに武蔵国岩槻（埼玉県さいたま市）に流された。

五奉行の中で、前田玄以だけは、大坂城にあって秀頼の警護に努め、中立を保ったと判断されたのか、丹波国亀山（京都府亀岡市）五万石の所領を安堵されている。

このように、家康は西軍に与した大半の武将について、命を奪うことが無かった。これは、戦国時代の戦においては、特筆すべきことであった。おそらく家康は、度量の広さを見せることで、彼らに恩を売り、その後の統制をやりやすくするとともに、世間における好感度を上げようとしたのだろう。

家康は大坂城へ入った直後から、関ケ原合戦の論功行賞を行った。西軍に付いた大名のうち、八十八名が改易となり、減封となった五氏と合わせ、没収された石高は六二〇万石余りとなり、さらに豊臣氏の減封分を加えると、七八〇万石に達したとされる。ちなみに、当時の日本の総石数は、一八五〇万石とされ、実にその四分の一が没収されたことになる。

家康はこの膨大な没収高を功績のあった大名・諸将への加増・取立てに宛てた（一〇四名、六三五万石）。今回の戦いで家康は、秀忠の遅参もあって、豊臣系大名に依拠して戦わねばならなかったことか

石田三成の墓がある大徳寺三玄院（京都市北区）

ら、彼らに対して特に大幅な加増を行った（五十二名、四二二万石）。

ただ、そうした大名の多くは、遠隔地、主に西国への転封とした。代わりに家門・譜代の武将ら（五十二名、二一二万石）を、加増とともに関東から東海及び畿内周辺に配置した。江戸・上方間の要所は身内で固めようとしたのである。

こうして、家康は事実上、天下の実権を握ることになったが、諸大名への領知宛行について、判物や朱印状が発給されることはなかった。建前上、家康はあくまで、豊臣公儀を体現する秀頼の代行者という立場をまだ崩していなかったのだ。

しかし、その豊臣氏の、四〇ヵ国二二二万石に及んだ蔵入地（直轄領）は、摂津・河内・和泉を主とする六五万石に削減され（諸大名に預けていた直轄領が、大名の改易とともに一緒に没収されたことが大きく影響したとされる）、一方で、徳川氏の蔵入地は、一〇〇万石から二三五万石へと倍以上に跳ね上がったのである。

徳川幕府を創設　1601～

㉑ 蔵入地を拡充する
～金銀鉱山に目を付ける～

慶長六年（一六〇一）三月十三日、家康は大坂城を出て伏見城に入った。以後、ここを拠点に着々と権力基盤を固めていく。

前述のとおり、関ヶ原合戦後、家康は蔵入地（くらいりち）（直轄地）を増やしたが、それはもとより、徳川氏の財政基盤を強化するためだった。

蔵入地の主なものは、京都・伏見・堺・伊勢山田・長崎などの重要都市であった。蔵入地には奉行が置かれたが、京都では当初、奥平信昌を所司代に命じて、治安の回復にあたらせた。天皇の御所があり、公家や寺院が集中する京都の抑えは、きわめて重要であることを家康は歴史に学んでいたのだろう（信長・秀吉も京都に「所司代」を置いていた）。

同年九月二十八日には、信昌に代わって板倉勝重（かつしげ）が京都所司代に就くが、やがて同職は、老中に次ぐ重職となり、寛文（かんぶん）八年（一六六八）に京都奉行所ができるまでは、畿内の公事・訴訟を取り仕切る要の機関となった。

また、家康は慶長六年（一六〇一）五月、京都に新たな屋敷の築造を決定する。今に残る二条城（京都市中京区）である。信長の二条御所、秀吉の聚楽第に倣って、天下人として自らの権威を世に示そうとしたものでもあった。もっとも、二条城の堀をめぐって、こんな逸話も残されている。

堀の広さについて、池田輝政と加藤嘉明がもう少し広いほうがいいのでは、と進言したのに対し、家康は、

「いや、これでいい。敵に攻められても、しばらくは持ちこたえられよう。そのうち近隣やさらには江戸から後詰に来てくれるはずだ。万一敵に取られた場合、取り返すにも都合がよい」と言って、それを否定したという。石垣の上には多聞櫓もめぐらしたというから、家康自身、このまま太平の世がくるとは、まだ思ってはいなかったのだろう。

また家康は、優れた経営感覚から、佐渡の金山をはじめ、石見大森銀山（島根県大田市）・但馬生野銀山（兵庫県朝来市）・甲斐黒川金山（山梨県塩山市）など、全国の重要な鉱山も蔵入地に編入した。金銀は幕府の貴重な財源となり、御朱印貿易の元手でもあった。

これら金銀山の経営にあたった代官頭の大久保長安は、甲斐の猿楽師の出で、信玄の目に止まり、武田氏のもとで灌漑水利や鉱山開発に力を発揮していた。武田氏が滅んで、徳川氏が武田遺臣を登用する際、その技術力が買われ、家康の重臣・大久保忠隣に預けられたのだった。

長安の持つ「水銀流し」という新技術により、各地鉱山からの金銀産出量は飛躍的に増大し、日本

は初めての「ゴールドラッシュ」に沸いた。こんな逸話がある。

石見銀山の安原伝兵衛という鉱山師は、清水寺（島根県太田市）に参篭して祈請した結果、次々と新銀鉱を探り当て、毎年何千貫もの銀を掘り出し、長安を通じて上納した。

喜んだ家康が伝兵衛を伏見城に召し出すと、彼は一間四方の州浜（台）に、銀の鉱石を蓬莱の形に積み上げ、車で引いて進呈した。家康は大いに喜び、伝兵衛に「安原備中」と名乗ることを許し、着ていた上服と扇子を与えたという。

長安はその功績から、幕閣の中心に位置して、政治の一翼を担うまでになるが、のちに失脚の憂き目に遭う（後述）。ともあれ、徳川氏の蔵入地は、最大四〇〇万石にまで膨らみ、幕府の懐を大いに潤したのであった。

㉒ 征夷大将軍に就任
～武家の棟梁に上りつめる～

慶長八年（一六〇三）二月十二日、家康は伏見城に勅使を迎え、征夷大将軍に任じられた。同時に源氏長者に補任され、その上で右大臣に昇任した。三月二十一日、家康は完成した二条城に入り、同二十五日には将軍宣下のお礼のため牛車で参内、天皇と常御所で対面し、「三献の儀」を受けた。

同二十七日、逆に二条城に勅使が遣わされ、将軍宣下を祝って、馬代金三枚ほかが送られた。その後、二条城には皇族・公家・門跡・諸大名らの来賀が相次いだ。

征夷大将軍に任じられ、家康は武家の棟梁の地位を獲得、豊臣公儀に代わる徳川公儀の確立に向けて一歩を踏み出した。それまで行っていた大坂（秀頼）への年賀の挨拶を取り止め、諸大名もそれに倣うようになった。

ところで、征夷大将軍といえば、平安初期の坂上田村麻呂が有名だが、当時の征夷大将軍は、軍事上の職制で、しかも臨時的のものであった。それを、政治的で常置的なものに改めたのが、鎌倉幕府の創始者・源頼朝だった。以来、征夷大将軍は、武家の棟梁と位置づけられ、幕府を開くための要件とされたのである。

頼朝を崇拝していた家康は、自らが天下人になるに当たって、征夷大将軍の地位を強く望んだようである。では、家康はなぜ将軍職に就けたのか。

秀吉が関白職に就いたのは、その出自から将軍に就けなかったからだと言われる。頼朝以来、武家では将軍は源氏姓だけに認められており（足利氏も源氏姓）、秀吉は足利義昭の養子になることを望んだが、義昭に拒否されたため、やむなく将軍任官は諦め、朝廷を脅して関白職に就いたのだと。

信長は平氏であったために、将軍を選ばなかったともいわれるが、

ライトアップされた二条城（京都市中京区）

朝廷の申し出により将軍宣下を承諾しようとして、平氏の将軍就任をよしとしない明智光秀に討たれたという説もある。

家康は、永禄九年（一五六六）十二月二十九日、従五位下三河守に叙任され、姓を松平から徳川に改めた際、本姓を藤原としたが、天正十四年（一五八六）十一月、正三位中納言に叙任された際、藤原姓から源姓に変更したといわれる。

家康はいつの頃からか、源姓の系図づくりに取り組んでおり、吉田兼右の子・神龍院梵舜（しんりゅういんぼんしゅん）に頼んで、世良田教氏（のりうじ）―満義（みつよし）の系統に松平親氏をつなぐ「徳川氏系図」を作成した。世良田氏は清和源氏の新田氏から分流したとされるので、徳川氏は晴れて、清和天皇に繋がる源氏の家系となったのである（二一八頁系図2参照）。

正三位への叙任は、家康が秀吉に臣従したことで、関白・秀吉の執奏（しっそう）により実現したものだが、家康はすでに将来秀吉を凌いで、自ら将軍になることへの布石を打っていたのかもしれない。

家康の将軍就任は、関ヶ原合戦後、三年経ってからである。実はその間、将軍宣下の御沙汰がないことに家臣の間からは不満の声も聞かれたという。ある時、藤堂高虎と金地院崇伝（こんちいんすうでん）が家康の側で、その話を持ち出すと、家康は、

「そういうことは、急がないことだ。只今は、天下の制度を確立し、万民を安泰にすることが急務である。大名たちも国替えなどで忙しくしておるのに、わし一人、私事を行ういとまはない」と気にかけていない風であったという逸話もあるが、内心は心待ちにしていたに違いない。

⑥③ 江戸に幕府を開く
～頼朝に倣って、京を避ける～

征夷大将軍の宣下を受けた家康は、江戸に幕府を開いた。その際の、こんな逸話が残っている。

関ケ原合戦後、家康が大坂城西の丸で、領主のいなくなった国のあてがいなどの政務を行っていた時、家康は将軍の居城をどこに定めるべきか、重臣を通じて嫡男の秀忠に意見を求めた。

秀忠は、

「私は年が若いので何の思慮もありません。天下を治め整えるのに適当な所を、居城とすべきとは思いますが、父上のお考えにお任せします」と答えた。それで、家康の決断により、江戸に幕府を置くことが決まったという。では、なぜ家康は江戸を選んだのか。

征夷大将軍宣下の前後、家康は、文学に造詣（ぞうけい）の深い公家・山科言経（ときつね）らを呼んで、鎌倉幕府の前半を扱った歴史書である『吾妻鏡（あづまかがみ）』を読んでいる。家康が源頼朝の鎌倉幕府の創設について、関心を抱いていた証左であろう。

武士による初の本格的な政権を樹立した頼朝は、敢えて京都・大坂を避け、鎌倉に幕府を開いた。それは、武士として先行して京都で政権を築いた平氏が、貴族化して衰退した、その轍（てつ）を踏まないためであったともいわれる〈足利尊氏（たかうじ）が京都に幕府〈室町幕府〉を開いたのは、当時南北朝の動乱期であったため、京都を離れられなかったからのようだ〉。

家康は、おそらく頼朝に敬意を払っていたのだろう、幕府を開くに当たって京都を避け、そして、関東転封以来、領国の本拠としていた江戸を選んだのだった。

ちなみに『吾妻鏡』は、建久七年（一一九六）から同十年（一一九六）までの記事が欠落しているが、これは、建久十年（一一九九）一月十三日に、頼朝が落馬という不名誉な死に方をしたのを憚って、家康がその部分を取り除いたからだという説もある。

ではなぜ、関東転封の時、家康は江戸を選んだのか。家康の家臣の間でも、すでに整備の進んだ鎌倉か小田原を予想する者が多かったという。

実は、家康が本拠を江戸に決めたのは、秀吉の勧めがあったからという逸話がある。小田原攻めの最中、関東への転封を家康に承知させた秀吉が、家康にこの城が落城したら、ここに住むつもりか、と尋ねた。家康が、さしあたりそうするつもりですと答えると、秀吉は、

「小田原は東国の喉元に当たる場所なので、家臣の中から軍略に優れた者を選んでここに置き、貴殿は小田原の東に江戸という要害の地があるので、そこを本城と定められたらよろしかろう」と言ったというのである。

家康本人も、江戸の持つ大都市としてのポテンシャルを評価していたともいわれる。広大な平地があって開発の余地があり、海や大河に面していて、水運による物流の発展が期待できると。

ただ、秀吉に臣従していた期間は、いつまた転封を言い渡されるか分からなかったので、本腰を入れた江戸の開発は行わなかったようだ。前述したように、家康が入城当時、江戸城は荒れ果てていて、

城内の建物も余りにみすぼらしかった。

家臣らが、諸大名の使者などが見ることもあるので、是非改築するよう進言しても、家康は立派なものは必要ないと、笑って取り合わなかったといわれる。

しかし、江戸に幕府を開くと、家康は「百年の大計」により、すぐに江戸市街地の大々的な拡張工事に着手した。慶長八年(一六〇三)三月三日、外様・譜代を問わず七十人余りの大名に命じ、神田山を掘り崩し、豊島の洲・日比谷入江を埋立て、そこに町屋を移した。また、江戸城の縄張りを実施し(藤堂高虎が担当)、石垣の築造を行った。

家康は、江戸城が将軍の居城としてふさわしいよう、同城の大改築を計画しのである。もっとも、江戸城の本格的な改築普請が開始されるのは、家康が秀忠に将軍職を譲ったのちの慶長十一年(一六〇六)三月一日からである。二十余名の大名が動員されて工事は進められた。いわゆる「お手伝い普請」である。そして、九月に本丸屋形が出来上がると、秀忠はここへ移ったのだった。

こうして、現代のメガロポリス・東京に繋がる、江戸の発展が緒についたのである。

江戸城跡(皇居/東京都千代田区)

㊹秀忠に将軍職を譲る
～徳川氏の世襲を世に示す～

慶長十年（一六〇五）四月十六日、家康は三男で嫡男の秀忠に将軍職を譲った。自らの将軍在任期間は、わずか二年余りであった。朝廷へ提出した辞表の理由は、自分も六十と四年の年を重ね（確かに当時としては大変な高齢である）、秀忠も老成してきたので、重職を譲り、心安くその後見をしたい、というものであったという。

しかし、もちろんそこには家康の思惑があった。豊臣系大名にはいまだ秀頼を主君と仰ぐ者が少なくなかった。秀頼の関白就任の噂も絶えずあったので、彼らは、徳川政権は家康一代限りのもので、秀頼が成長するまでの暫定的なものと見ていたのである。

慶長八年（一六〇三）七月二十八日、家康は秀吉との約束に従い、孫娘・千姫を秀頼に嫁がせたが（二一九頁系図3参照）、その際、豊臣恩顧の大名らが、「故太閤様の深い恩を忘れることなく、今からのち秀頼公に対し、二心を抱くことはない」という旨の血判した誓紙を秀頼に捧げている。

家康は、徳川氏が将軍職を世襲することを天下に知らしめ、家康の後、秀頼が関白となって政権を取り戻すだろうという、豊臣方の期待を打ち砕こうとしたのである。

秀忠は、将軍任官のため、十万とも十六万ともいわれる軍勢を率いて上洛した。そこには、四十名余りの東国の有力諸大名が含まれており、これは取りも直さず、大坂城の秀頼や西国の豊臣系大名を威圧、牽制する目的があったのである。

さらに家康は五月初め、秀頼（十三歳）に対し、秀忠の将軍就任を祝うため上洛するよう、秀吉の未亡人・高台院を通じて申し入れた。

これには秀頼の母・淀殿が猛然と反発した。淀殿は自害も辞さないほどの剣幕だったようで、一時大坂、京都は騒然となったという。淀殿（幼名・茶々）は、実父（浅井長政）と養父（柴田勝家）を死に追いやった秀吉の側室になるという、波乱の人生を歩んでいた。それだけに、我が子・秀頼の政権獲得への思い入れは、ひときわ強いものがあったのだろう。

刺激が強すぎたと思ったのか、五月十一日、家康は将軍の名代として、六男の忠輝（二二一頁系図4参照）を大坂城に遣わした。家康にとって、懐柔策はお手のものである。忠輝は秀頼の一つ上の十四歳。秀頼は同年代の忠輝の訪問を喜び、厚くもてなしたため、事態はようやく収束したのだった。

高台院が秀吉の菩提を弔うため築いた高台寺（京都市東山区）

ともあれ、この件を通じて、家康は豊臣氏を一大名として扱っていくという姿勢を、改めて世に示したのであった。

㊺ 駿府への退隠
～大御所として権力を行使する～

秀忠に将軍職を譲った家康であったが、「大御所（おおごしょ）」として引き続き実権を握り続けた。歴史上、権力者が引退後も隠然と力を保持するのは、よくあることで、家康も秀忠の手綱を引きながら、漸進的に権力を移譲していこうと考えたのだろう。

慶長十一年（一六〇六）三月二十日、江戸から駿府を訪れた家康は、四日間滞在し、ここを退隠の地と決めた。なぜ、駿府を選んだのか。その理由として、幼少の時（今川氏への人質時代）から馴染みのある地であったからとか、気候が温暖だからとか、江戸と上方の間に位置して戦略的に重要な地だからとか、諸説あって定まらないようだ。

ともあれ家康は、新たな城下町の形成を計画し、安倍川（あべかわ）の流路を西側にずらすため、「薩摩土手」と呼ばれる築堤の工事を行った。なぜそう呼ばれたかというと、薩摩の島津氏が、江戸城普請のため用意した石船三〇〇艘のうち、一五〇艘を江尻（静岡県清水市）に進上し、その石材が築堤に使用されたからであった。

翌慶長十二年（一六〇七）二月、家康は北国・西国の大名らに役夫を出すよう命じ、新たに駿府城の普請を始めた。まず、本丸を中心に工事が進められ（春の普請）、三月には家康自身が駿府に赴いて、工事の進捗状況を見守っている。そして、七月に本丸の殿閣が出来上がると、家康は住まいを江戸からここに移したのであった。

二の丸の工事は六月に始まり（秋の普請）、順調に進んで十月にはほぼ完成した。ところが、十二月二十二日に火災が発生し、本丸の殿閣も焼け落ちてしまった。幸い家康は、二の丸へと避難し無事であった。翌慶長十三年（一六〇八）の初めから、早速駿府城の再建が始まり、急ピッチで工事が進められて、三月十一日には本丸の殿閣（でんかく）が完成し、家康は再びここに入ったのだった。

八月二十日には、五層の威容を誇る天守台の上棟式が行われ、江戸から将軍・秀忠も駿府に来て、家康とともに列席している。

こうして、家康は駿府において、江戸の将軍・秀忠とは別に、大御所政治を展開していくことになる。いわゆる江戸と駿府の「二元（的）政治」であるが、外交や軍事など重要事項の実権は、家康が握り続け、秀忠がそれに嘴を挟むことはなかった。

「御孝心」に優れた秀忠は、些末なことでも一人で決定することはなく、家康に相談するため、必ず自ら駿府へ赴くか、使者を参上させたと伝えられる。

駿府城（静岡県静岡市）

66 外交政策を開始
～貿易振興と貿易統制を図る～

前述の通り、幕府の外交政策は、専ら大御所・家康が担った。家康は開幕前から外国との交易に熱心だった。貿易こそが、国を富ます早道であることを歴史に学んでいたのだろう。

関ケ原合戦の翌年、慶長六年（一六〇一）十月には安南国（ベトナム）との朱印船貿易を開始している。朱印船貿易とは、海外との交易を家康が発給する朱印状を持つ者に限定するもので、家康は、日本の貿易商人の直接統制を図ろうとしたのであった。

朱印船貿易を担った人物として有名なのが、京都の豪商・角倉了以である。慶長八年（一六〇三）から寛永十一年（一六三四）までの間に、角倉家は十六回にわたり、朱印船による交易を行っている。角倉家の主な交易先は安南国で、日本から銅、鉄、樟脳などが輸出され、安南国からは、生糸、綿布、皮革、蘇木、砂糖などが輸入された。

了以は貿易で得た莫大な利益を元に、船運開発のため、京都の保津川や高瀬川の開削を行ったが、それを見て家康は、ちゃっかりと自分と関わりの深い地域を流れる、富士川、天竜川の開削を了以に依頼している。ともあれ、朱印船貿易により、鎖国令の出されるまでの三十年間、海外との活発な交易が行われ、インドシナやフィリピンの各地に日本人町が栄えるまでになった。

家康はまた、慶長五年（一六〇〇）三月、豊後臼杵（大分県臼杵市）に漂着したオランダ船リーフ

角倉了以像（亀山公園／京都市右京区）

デ号のイギリス人航海長ウィリアム・アダムスとオランダ人航海士ヤン・ヨースティンを外交顧問に取り立てた。それまでは、旧教国のポルトガルとスペインが、西洋と日本の貿易を独占してきたが、これをきっかけに、新教国であるイギリス・オランダとの貿易が進められることになった。

家康は、貿易振興を図る一方で、外国の持つ既得権にも果敢に切り込んだ。その代表的な例が、慶長九年（一六〇四）五月に家康が導入した糸割賦（いとわっぷ）制度である。

この制度は、それまで中国産生糸の輸入はポルトガルの商人が一手に行い、多くの利益を上げていたが、それを幕府から承認を得た日本の商人が、価格を決定して一括購入する形に変更するものであり、これによって、幕府の財政は大いに潤い、一方で、ポルトガルの商人は甚大（じんだい）な打撃を被ったのであった。

慶長十四年（一六〇九）五月末、ポルトガル船を追撃してきた二隻のオランダ船が、平戸（ひらど）（長崎県平戸市）に入港して、日本との通商を求めて来た。乗組員のオランダ国王使節、ジャックス・スペックスは、長崎奉行の許可を受けて駿府に出向き、七月十八日、家康に謁見した。

家康は、オランダ国王への返翰と渡航許可朱印状を下付し、それがきっかけとなって、八月二十二日、平戸にオランダの商館が置かれた。

家康の死後二十年ほどで、日本は鎖国の時代に突入するが、その後も平戸を中心にオランダとの交易は進められ、寛永十八年（一六四一）には場所を出島（長崎県長崎市）に移して、幕末まで継続されるのである。

㊼朝鮮通信使を招く
～朝鮮との関係改善を図る～

外国との交易を進める家康にとって、朝鮮との講和も早急に果たしたい事案であったろう。長年、日朝貿易に携わってきた対馬国の宗氏を通じて、朝鮮人捕虜の返還を含めた講和交渉が進められたようである。慶長九年（一六〇四）末、ようやく朝鮮は、講和交渉の使節を対馬に派遣してきた。

宗氏当主の宗義智（よしとし）は、この使節を伴って上洛し、翌慶長十年（一六〇五）三月五日、伏見城で家康と秀忠に面会させた。ここに、日朝の講和交渉が正式に始まり、交渉の全権は宗氏に委ねられた。翌慶長十一年（一六〇六）七月、朝鮮側は宗氏に対して二つの講和条件を示してきた。一つは、家康のほうから先に国書を朝鮮国王に送ること。二つ目は、朝鮮の役の際に、先王の陵を荒らした日本人の犯人を引き渡すこと、というものであった。

しかし、一つ目は日本側が降伏したことを意味し、家康にとっては到底受け入れられるものではなかった。何とか国交を回復し、貿易を再開したい思惑のある宗氏は、家康の国書を捏造し、二つ目の条件に付いても、対馬の罪人を犯人に仕立てて引き渡したのであった。

慶長十二年（一六〇七）、朝鮮は日本の国書に対する、総勢四〇〇人余りの回答使を派遣してきた。宗義智は一行を江戸に案内し、五月六日に将軍・秀忠に謁見して、朝鮮の国書を手渡したが、この国書もまた宗氏によって偽造されたものであった。

回答使は帰途の五月二十日、駿府に立ち寄って、家康に閲した。そこを素通りするわけにはいかなかったのだろう。朝鮮側は、宗氏が国書を偽造したことを知っていたというが、ひょっとして、家康もこのことを承知していたのではないか。

対馬宗氏屋敷跡（京都市中京区）

朝鮮出兵の際、名護屋城に来た明の特使を家康は接待しているが、その時特使に渡した秀吉の和議条件が、このままではとても明側の納得は得られないとして、朝鮮で小西行長らによって偽装されたことを家康はおそらく知っていただろうから。今回も、国益のためとあらば、知らないふりをするぐらいのことは、家康ならしかねない話だろう。

ともあれ、この時から三回目までの使節は、朝鮮側の位置づけとしては、（偽造）国書に対する「回答」と朝鮮人捕虜の刷還（本国への送還）を目的とする、いわゆる「回答兼刷還使」であったとされる。もっとも、その後は九回にわたって、通信使として来日し、日朝の国交及び文化交流の促進に大きな役割を果たすことになるのである。

⑱朝廷対策を実行
～官女密通スキャンダルに付け込む～

駿府政権において、大御所・家康は、朝廷への対策にも取り組んでいる。慶長十一年（一六〇六）四月、上洛した家康は、武家伝奏（武家からの奏請を取り次ぐ朝廷の職）に働きかけ、幕府（家康）の推挙が無ければ、武家に官位を与えないよう、朝廷に強く申し入れた。

これは、官位授与による天皇と大名の結びつきを切断し、将軍と諸大名との従属関係を強化しようとするものであった。後白河法皇から（鎌倉の許可を得ずに）官位を与えられた源義経が、兄・頼朝の怒りに触れ、滅ぼされた故事を家康は頭に浮かべていたのだろうか。

ついで、世に言う「官女密通事件」が起こると、家康はそれに付け込んで、さらに朝廷への関与を深めた。この事件は、慶長十二年（一六〇七）二月に、公家の猪熊教利が後陽成天皇の女房と密通し、勅勘をこうむって、出奔するという出来事が発端であった。

ちなみに、猪熊は光源氏や在原業平にも例えられるような美男子で、彼の髪型や帯の結び方は、「猪熊様」と称され、京都の流行になるほどだったという。ところが、猪熊は女癖が悪く、人妻や宮廷の女官にも手を出していた。この時も出奔はしたが、いつの間にか京に戻って、態度を改めるどころか、再び仲間の公卿を誘って、女官と不義密通を重ねたようだ。

慶長十四年（一六〇九）六月、今度は、典侍広橋氏ら五名の官女が、烏丸光広ら七名の公家と関係したことが、新たに露見する。七名とは烏丸光広のほか、花山院忠長、飛鳥井雅賢、大炊御門頼国、難波宗勝、徳大寺実久、そして猪熊であった。

花山院忠長が広橋氏に懸想し、宮中お抱えの歯科医・兼康備後の仲介で二人は逢瀬を重ねるようになったが、その噂を聞いた猪熊が、懇意の飛鳥井雅賢、炊御門頼国らに声を掛け、また脈のありそうな女官を誘い出し、花山院と広橋氏も交えて、様々な場所で乱交を重ねるようになったという。やんごとない人たちも、なかなかやるものである。

こんな大それた行動が露見しないはずはない。やがて後陽成天皇の耳にも入った（兼康が拷問によって自白したとも）。広橋氏は、天皇が深く寵愛する官女だったため、天皇の怒りは激しく、関係者の死罪を求める事態となった。

所司代・板倉勝重から報告を受けた家康は、初めこそ（おそらくは苦笑いしながら）天皇の意向を容認したが、その後の状況を見るに及んで、世評もあるので極刑は避けるよう、勝重を通じて朝廷に申し入れた。おそらく家康は、このスキャンダルを、朝廷を幕府の管理下に置くためのチャンスと考

天皇の居所「清涼殿」（京都御所／京都市上京区）

えたのだろう。

　結局、天皇は同年七月、官女をそれぞれの家に押し込め、烏丸ら公家の官位を停止したうえ、彼らの処罰は家康に任せた。その結果、同年十月十二日、五人の官女は伊豆国新島へ流され、公家のほうは、猪熊と兼康は厳罰としたものの、花山院は蝦夷松前（北海道松前町）、飛鳥井は隠岐（島根県隠岐郡）、大炊門は薩摩硫黄島（鹿児島県三島村）、難波は伊豆への、それぞれ配流とし、烏丸と徳大寺は恩免となった（猪熊は致し方ないとしても、仲を取り持った兼康が死罪となったのは、朝廷指定の歯科医にも関わらず、宮中の風紀を乱したことの責任を取らされたのだろう）。

　この家康の裁定に、後陽成天皇はなまぬるいと不満を示したが、それがきっかけとなって、朝廷内で孤立するようになり、やがて意に反して、家康の望む政仁親王（御水尾天皇）への譲位を余儀なくされた。

　こうして、朝廷内のスキャンダル処理に家康が関わったことで、以後、諸事件への干渉はおろか、譲位や皇位継承問題に至るまで、幕府の力が京都所司代を通じて、朝廷内部に及ぶようになったのであった。

⑲ キリシタン禁制
～豊臣氏との結びつきを警戒する～

慶長十七年（一六一二）三月二十一日、家康は幕府の直轄地である駿府・江戸・京都・長崎に対してキリスト教禁止令（禁教令）を出した。これにより、キリスト教寺院が破却、布教は禁止とされ、キリシタンは処罰を受けることになった。

それまで、キリスト教に寛容であった家康が、なぜ禁教に転じたのか。きっかけになったのは、「岡本大八事件」であったといわれる。この事件のいきさつは次のようなものであった。

慶長十四年（一六〇九）十二月、肥前日野江（長崎県南島原市）四万石の有馬晴信らが、家康の命を受け、長崎でポルトガル船を撃沈させるという出来事があった。これは、その前年に起こった、マカオで朱印船の日本人乗組員が殺害され、積み荷が没収されるという事件の報復のためであった。

晴信は、家康から褒賞を得るが、本多正純の家臣・岡本大八が、さらに領知の加増もあり得ると、晴信に持ち掛けた。それを信じた晴信は、幕閣への働きかけのため、大八に多額の賄賂を贈るが、一向に沙汰が無いため、本多正純のもとに赴き、直接督促するに及んだ。

事情が分からない正純が大八を呼んで聞くと、大八は与り知らないという。このことが家康の耳にも入り、慶長十七年（一六一二）二月二十三日、両者を正純の屋敷に呼び出し、聴取した。そこで、大八からの書状数通を晴信が示したことにより、大八はついに白状した。

ところが、駿府で入獄された大八が、獄中から、かつて晴信が長崎奉行・長谷川藤広(ふじひろ)を暗殺しようとしたことがあると、訴え出た。そこで三月十八日、大久保長安の屋敷で両者は再び対決したが、晴信は罪を晴らすことができなかった。

この結果、同二十一日、大八は府中（駿府）引き回しのうえ、安倍川河原で火刑に処された。一方の晴信は、翌二十二日、甲斐国へ配流となり、五月に切腹を命じられた。この事件の当事者である大八と晴信がキリシタンであったことから、家康はキリシタンの禁圧を開始したというわけである。前述の幕府直轄地における禁教令は、大八が火刑となったその日に出されている。

もとより、それだけがキリシタン禁制の理由ではないだろう。当時、キリシタン人口は、三十七万人に達し、看過しがたい勢力になっており、彼らが豊臣氏との結びつきを強めることへの警戒感が、家康にはあったとされる。実際、大坂城には、かなりの数のキリシタンや、宣教師も入っていたようである。また、スペイン・ポルトガルに代わって、貿易に布教を伴わないオランダ・イギリスの台頭があったから、禁教に踏み切ったともいわれる。

同年六月、家康はノビスパン（メキシコ）総督に送った返翰で、「そもそも我が国は、神国であり、開闢(かいびゃく)以来、神を敬い仏を尊び、仏と神と垂迹(すいじゃく)同じくして別なし」としたため、（キリスト教の）布教を思いとどまるよう宣告している。

さて、慶長十八年（一六一三）十二月十九日、家康はキリシタン禁制を強化するため、大久保忠隣(ただちか)を京都に派遣した。そして、その三日後、臨済宗の僧侶で家康のブレーンであった金地院崇伝に伴天(ばて)

連追放令の作成を命じた。これにより、「『神国』である日本に、侵略的野心で邪法を広めんとする伴天連(宣教師)の追放」を宣言したのである。

翌慶長十九年(一六一四)正月十七日に上洛した忠隣は、早速教会を焼き払い、宣教師らを長崎へ追放した。同年九月には、各地から長崎に集められた宣教師・キリシタン百数十人が、マニラやマカオへ国外追放となった。マニラへの追放者の中には、キリシタン大名の高山右近もいた。

家康が始めた幕府のキリシタン禁制は、途中「島原の乱」という大動乱をはさんで、幕末まで続けられるのである。

高山右近像(高槻城公園／大阪府高槻市)

⑦⓪ 大久保忠隣を改易
～「武功派」の世に終止符を打つ～

岡本大八事件は、幕府のキリシタン禁制の契機になったが、一方で幕閣の権力闘争にも火をつけた。大八が本多正純の家臣であったことから、本多正信・正純父子の幕府内での権威は失墜しかねない事態となった。

本多父子は、家康の個人的な恩寵で取り立てられた「出頭人（しゅっとうにん）」で、家康は駿府に移って以降、正純を側に置き、正信を江戸の秀忠に付けて、駿府の指令を履行させる役目を負わせた。そのため、本多父子は、秀忠の下で幕閣の中枢を占める譜代勢力から疎外されがちであった。いわゆる「吏僚派」と「武功派」の対立である。

前述したように、秀吉の死後、豊臣政権下で武断派と文治派の対立が表面化したが、徳川政権においても、やはり似たような派閥争いが生じたのであった。

この事件は、三河譜代（武功派）の大久保忠隣・酒井忠世（ただよ）・土肥利勝・本多忠勝・榊原康政らにとって、本多父子（吏僚派）を糾弾する格好の材料だったのである。ところが、大久保忠隣の庇護下にあった大久保長安が慶長十八年（一六一三）四月二十五日に死去すると、生前金山・銀山の経営に手腕を発揮した長安の不正が次々と明るみに出た。

長安の七人の息子たちは捕らえられ、切腹を命じられた。また、長安の下代や姻戚者も不正に連座して処分を受けた。この結果、長安の庇護者であった大久保忠隣の立場は苦しいものとなり、逆に本多父子にとっては、巻き返しのチャンスとなった。

慶長十八年十二月十九日、忠隣はキリシタン取り締まりの命を受けて、京都へ派遣された。しかし、その裏には忠隣を改易するという家康の決断が隠されていたようである。

これに先立つ十二月三日、家康は江戸を発ち駿府に向かうが、同六日、中原御殿（なかはらごてん）（神奈川県平塚市）に着いたところで、馬場八左衛門という、元穴山信君（梅雪）の家老が、忠隣に謀反の疑いがあるとの訴状を家康に提出した。

こうした訴状は政敵を葬る際の常套手段で、この裏には本多正信が関わっていた可能性があるともいわれる。ともあれ、家康は十四日に江戸へ引き返し、不測の事態への備えを固めた後、忠隣に京都行きを命じたのであった。

京都に着いた忠隣は、早速厳しいキリシタンの取り締まりを開始したが、年が明けた慶長十九年（一六一四）正月十九日、忠隣は改易となった。その理由は、上意を得ないまま、養女を常陸国牛久（茨城県牛久市）の大名、山口重政の息子・重信に嫁がせたというものであった。

忠隣の改易と同時に、彼の三人の息子は禁錮・蟄居の処分を受け、忠隣の居城・小田原城は、本丸を残して破却された。忠隣は、家康側近の僧・南光坊天海を通じて弁明書を提出するが、家康は取り上げず、忠隣を近江国への配流処分とした。

正に本多正信・正純父子の一発逆転劇であったが、それは、これからの（太平の）世を築いていくうえで、武功派はもはや無用と考える家康の本意でもあったのだろう、その後、徳川幕府は行政手腕に長けた吏僚派家臣によって整備が進められ、信長・秀吉が成し得なかった長期政権を可能にしていくのである。

大久保忠隣が幽閉された龍潭寺（滋賀県彦根市）

⑪蝦夷と琉球
～フロンティアに関心を持つ～

家康は幕府を開く前から、琉球問題にも取り組んだ。琉球は中国を宗主国としながら、薩摩島津氏との関係も深いものがあった。慶長七年（一六〇二）、琉球の船が陸奥に漂着した時、家康は中国明との国交回復を、琉球を通じて図ろうと考え、乗組員の本国への送還を島津氏に命じるとともに、謝礼の使者を派遣するよう琉球側に求めた。

しかし、琉球国王・尚寧はそれに応じようとしなかったので、家康は、島津氏に琉球侵攻の許可を与えた。慶長十四年（一六〇九）三月、島津氏は一〇〇艘の軍船に三〇〇〇の兵を乗せ、琉球に攻め込んだ。わずか一〇日ほどで琉球は征服され、尚寧と重臣らは捕虜として鹿児島に送られた。

島津氏当主・島津家久から琉球平定の報告を受けた家康は、同年七月七日、それを「手柄」と賞し、琉球国を家久に与え、その仕置を命じた。

慶長十五年（一六一〇）七月、家久は尚寧を伴って駿府に赴き、八月十四日に家康に謁見、さらに九月には江戸に出て、将軍・秀忠にも面会した。そして、その翌年、島津氏は「掟十五ヵ条」を発布し、明への貢物の禁止、薩摩以外の外国への貿易船の渡航禁止など、琉球支配のための枠組みを定めた。しかし、琉球はその後も明国の朝貢国のままであり、江戸時代を通じて、薩摩と中国の両方に属しながら、一定の独立性を保ち続けた。

一方国土の北辺については、どうであったか。古代より蝦夷地（えぞち）と呼ばれた北海道は、十五世紀の半ばから、南部を中心に蠣崎（かきざき）氏が勢力を広げ、十六世紀末には、その子孫である松前慶広（よしひろ）が当主となっていた。

慶長九年（一六〇四）正月二十七日、家康は参勤した松前慶広に蝦夷統治に関する三ヵ条の定を与えた。その内容は、①諸国から松前に出入りする者は、松前慶広に断わらずにアイヌと商売することを禁じる②松前慶広に断わりなく渡海商売する者は、家康に言上すること。また、アイヌの往来はアイヌ次第とする③アイヌに対する非分な申し懸けを禁じる、というものだった。

天下人となった家康は、日本の辺境（フロンティア）にそれなりの関心は持っていたのだろう。ちなみに、琉球が「沖縄」、蝦夷地が「北海道」と呼ばれるようになるのは、徳川幕府が消滅し、明治新政府が廃藩置県を実施してからのことである。

大坂の陣で豊臣氏を滅ぼす　1611～

㉗ 二条城で秀頼を引見
～豊臣氏の臣従化を図る～

慶長十六年（一六一一）三月十七日、家康は後陽成天皇の譲位と御水尾天皇の即位に合わせて、上洛した。譲位・即位は同月二十七日に行われた。

その翌日、大坂から秀頼（十九歳）が上洛し、二条城で家康に謁見した。これは、家康が織田有楽（信長の弟で、秀吉の御伽衆（おとぎしゅう）となって以来、豊臣氏に出仕していた）を通じて、豊臣氏に要請したもので、前回、秀忠将軍就任の際には拒絶した淀殿も、もはや断り切れなかったのだろう。

秀頼の供は、織田有楽（うらく）・片桐且元（かつもと）・大野治長（はるなが）ら三十人ほどであったといわれる。一方、徳川方は、家康の息子、義直（よしなお）（九男）と頼宣（よりのぶ）（十男）が、それぞれ浅野幸長（よしなが）、加藤清正を伴って、前日淀に泊まった秀頼を鳥羽まで迎えに行き、ともに二条城へ向かった。二条城では、家康が直々に庭まで出て秀頼を出迎えた。

家康は慇懃（いんぎん）に挨拶も対等にと申し出たが、秀頼は自分の方から挨拶したという。美麗を尽くした料理が振舞われた後、秀頼は高台院とも対面し、再建中の方広寺を見学、豊国神社（京都市東山区）にも参詣して、その日のうちに船で大坂城へ帰った。

秀頼は家康にとって孫娘の婿（千姫の夫）であったが、家康が秀頼を引見したことは、豊臣氏の徳川氏への臣従を意味し、家康はようやく悲願を達成したのであった。もっとも、この対面によって、家康は秀頼の成長ぶりに脅威を感じ、豊臣氏を滅ぼすことを考えるようになったともいわれる。

千姫の墓（知恩院／京都市東山区）

秀頼は身長一九〇センチ、体重も一〇〇キロを超える巨漢であったといわれ、身長一五九センチ程だったとされる家康が、秀頼を目の前にして、その体格に威圧感を覚えたとしてもおかしくはない。

関ケ原合戦の直後、家康の家臣らは、石田三成が秀頼の名を借りて反逆したことから、「秀頼も成敗し、長く天下の禍根を取り除くべき」と諫めたのに対し、「秀頼はまだ幼いので、何の謀反の心があろうか。父の太閤（秀吉）との旧交も捨てがたい」として、寛大な措置を取った家康であったが、そのことをあるいは悔やんだかもしれない。

ともあれ、四月十二日、家康は諸大名に三ヵ条の「条々」を出し、江戸の将軍・秀忠から発布される法度を固く守るよう誓わせた。この条々には、北国・西国の有力大名二十二名が署名し、翌年正月には関東・奥羽の諸大名も同様の起請文を上げており、全国の外様大名の家康への臣従化が加速したのであった。

㉝ 方広寺の鐘銘を問題に
～片桐且元と大蔵卿で対応を変える～

秀頼が家康に臣従したとはいえ、豊臣家はまだ並の大名ではなかった。家康の「お手伝い普請」に秀頼は指名されなかったし、慶長十六年（一六一一）の起請文にも秀頼は署名していなかった。朝廷も秀頼の官位を順次上げて、右大臣にまで叙任しており、何より秀頼は大坂城に居続け、秀頼を崇拝する豊臣系大名もいまだ少なからず存在した。

洛中ではそれを風刺するような落書も見られた。御所柿（ごしょがき）（奈良県産の甘柿）に付けられた短冊のようなものにはこう書かれてあった。

「御所柿は　ひとり熟して　落ちにけり　木の下に居て　拾う秀頼」

御所柿を大御所に引っ掛け、大御所・家康が死んだあとには、秀頼の天下になることを予言するものだが、下手人を捜索しようとする所司代・板倉勝重を家康は制止し、

「今後も落書を禁止してはいけない。わしが見て自戒することもあるから」と余裕のあるところを

見せたという。が、内心は穏やかでなかったに違いない。

家康が存命中はまだしも、家康の死後、秀頼が関白にでもなれば、秀頼が秀忠を凌ぐ存在になりかねない。徳川将軍家の地位を盤石なものとするには、自分の目の黒いうちに、豊臣氏をさらに弱体化させるか、あるいは滅ぼすしかないと、家康が考えたのだろう。

そうした時に、家康にとってタイミングよく持ち上がったのが、方広寺鐘銘（しょうめい）事件であった。方広寺（京都市東山区）は秀吉が大仏殿とともに建立した寺院であったが、文禄元年（一五九六）閏七月の慶長伏見大地震で木像大仏が損壊した。秀吉の死後、家康の勧めで秀頼が銅製の大仏の再建を行ったものの（家康には、秀頼に金を使わせて、豊臣氏の軍資金を減らそうという思惑があったとされる）、慶長七年（一六〇二）十二月、失火により大仏殿は焼失し、大仏も溶けてしまった。しかし、秀頼は諦めず、同十四年（一六〇九）から大仏殿と大仏の再建に取り掛かった。

慶長十七年（一六一二）春に工事はほぼ完了し、同十九年（一六一四）四月に釣鐘の鋳造が行われた。そして、大仏開眼供養の日程が家康側と調整されたが、同年七月二十六日、大仏の鐘銘について家康が、「関東不吉の語あり」とクレームを付けたのだ。

問題となったのは、「国家安康」「君臣豊楽、子孫殷昌」の部分で、家康のブレーンだった林羅山（らざん）は、前の部分は諱（いみな）を書き込んで無礼不法、しかも、家康の名を切り裂いており、後ろの部分は、豊臣を君として、子孫の殷昌（いんしょう）を楽しむ、と読め、徳川氏を呪い、豊臣氏を寿（ことほ）ぐ内容になっていると、指摘したのであった。

方広寺鐘楼（京都市東山区）

ところで、家康はかねて「わしが若かった時分は、軍務が多く学問をする暇がなかった。そのため生涯無学で、このような高齢になってしまった」と嘆いていたという。それを取り返すように、天下人となってからは、藤原惺窩（せいか）や林羅山（道春）、金地院（以心）崇伝、南光坊天海といった当代の儒者・僧侶・碩学（せきがく）を召し寄せ、内外の諸書・紀伝を読ませては、聞き入ったと伝わる。

特に羅山はお気に入りだったようで、顧問として駿府で側に置いて、六書五経、武経七書などを講義させていたのであった。

家康は、羅山と「道」について論じたことがあったという。周の武王（ぶおう）が臣として殷（いん）の暴君・紂王（ちゅうおう）を討ったことは、悪でもあり善でもあり、いわゆる「逆取順守（ぎゃくしゅじゅんしゅ）」というものだ、と家康が言うと、羅山は、

「私はそうは思いません。武王は天下のために大悪人を除いたもので、そこには少しも私欲が無く、善であって悪ではないと思います」と反論した。

羅山の意見には、主筋の秀頼討伐を画策する家康への忖度があったといわれる。そんな羅山であったから、方

広寺鐘銘の一件も、彼の曲学阿世（きょくがくあせい）ぶりが存分に発揮されたということだろう。

さて、鐘銘を書いた東福寺（京都市東山区）の清韓文英（せいかんぶんえい）は、「家康」と「豊臣」を隠し題として入れたことを認め、名乗りを書き分けることは昔からよくあること、と弁明したが、家康は納得しなかった、というか、敢えて納得せずに、豊臣氏を追い落とす千歳一遇（せんざいいちぐう）のチャンスと捉えたに違いない。

事態を重く見た豊臣側は、弁明のため老臣・片桐且元を駿府へ派遣した。八月十九日、且元は駿府に入ったが、家康に会うことはできなかった。ところが、且元の後を追うように、淀殿の使者として大蔵卿局（おおくらきょうのつぼね）（淀殿の乳母）が駿府に到着すると、家康はすぐに彼女と面会し、淀殿・秀頼の安否を尋ね、鐘銘問題は案ずることはないと申し述べたのであった。

一方、且元に対しては、最後まで会おうとはせず、解決策を且元本人に委ねた。豊臣側を混乱させようとする、家康の心憎いばかりの戦略であった。

九月十八日、大坂に帰った且元は、家康の意向を忖度して、①秀頼が江戸へ参勤する②淀殿を人質として江戸へ差し出す③大坂城を明け渡して国替えする、という三策を提案した。

しかし、大蔵卿局からの報告では、そのような対策は不要というものであったため、且元は不興を買い、身の危険を感じた且元は、十月一日、一族を引き連れて大坂城を退去し、自ら城主を務める茨木城（大阪府茨木市）に立て籠もったのであった。

㉔「大坂冬の陣」勃発
～敢えて力攻めを避ける～

慶長十九年（一六一四）十月一日、片桐且元が大坂城を出た同じ日に、家康は大坂攻めへの出馬を決意し、その旨を秀忠に伝えるとともに、諸大名へ出陣を命じた。ただ、福島正則・黒田長政・加藤嘉明ら豊臣恩顧の大名は江戸に留め置いた。大坂方への加勢を恐れたためといわれ、この期に及んでも、家康は彼らを完全には信頼していなかったようである。

一方、大坂方も方広寺鐘銘問題がこじれて以降、幕府側の攻撃を予想し、籠城戦に向けて兵糧米を集めていた。そして、長宗我部盛親・後藤基次（もとつぐ）・真田幸村（信繁）・毛利勝永（かつなが）・明石全登（てるずみ）ら、関ヶ原以降の牢人らが続々と大坂城に入城し、大名こそいなかったものの、その数は十万余りに達していたのだった。

十一月十七日、家康は住吉に着陣。大坂城は、二十万ともいわれる徳川方の軍勢により、包囲された。「大坂冬の陣」の始まりである。この時、家康は齢七十三。当時としては死んでいておかしくない年齢だが、出陣に当たって家康は、

「わしは年を重ね、このまま畳の上で死ぬのは心残りが多いと思っていたが、今回大坂で事が起こったことは喜ばしい限りだ。敵を討ち果たし、老後の思い出にしよう」と言って、太刀を抜くと床几（しょうぎ）（陣地の腰掛）に飛び乗り、周りの者は皆その英気に感じ入ったと伝わる。

しかし、それは余裕の裏返しでもあったのだろう。出陣の前、二条城で本多正純が、
「今回の戦でも、関ヶ原の時のように、御旗・御長柄を立てる場所や、使番・目付の配置など細かくお決めになるのですか」と伺うと、家康は、
「お前は、天下分け目の戦いと、秀頼を成敗するための戦いを同じように考えておるのか。こたびの戦いに旗本の陣立てなどいるものか。ただ、押しに押して攻めればよい。味方の者たちはおりたいところにおればよい」と答えたという。

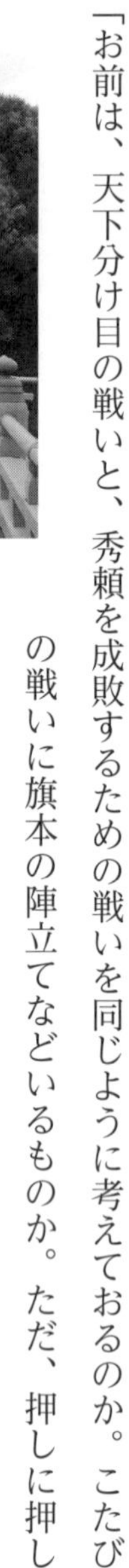

茶臼山（大阪市天王寺区）

さて、一方豊臣方の戦略は、徹底した籠城戦で、真田幸村（信繁）が城の南側に、有名な「真田丸」という出丸を築き、防御態勢を強めた。

前田利常、松平忠直（結城秀康の長男／家康の孫）、井伊直孝の部隊が真田丸を攻略しようとするが、鉄砲隊の攻撃を受けて、さんざんな敗北を喫してしまう。茶臼山（大阪市天王寺区）に本陣を移した家康は、大坂城の堅牢さを熟知していたので、あえて力攻めを避けた。

秀忠は、「総攻撃を仕掛けて、必ずや落城させせましょう」と、三度まで家康に進言したが、家康は、

「わしは、何度も城攻めを経験してきたが、城の様子や地形によって、攻撃の仕方は一様ではない。ただ、天の与えてくれる時期を待たれるのがよい」と諭したとされる。

そして、城外から大砲による本丸や天守閣への砲撃を強化し、一方で豊臣方と和睦の交渉を進めたのだった。個々の武将への調略も行われたようで、真田幸村に対し家康は、徳川方に付いていた、幸村の叔父・真田信尹（のぶただ）を通じ、信濃一国を提示して買収しようとしたが、幸村は頑として応じなかったといわれる。

豊臣方は最初こそ、和睦の申し出を拒否したが、度重なる砲撃により、城内の動揺も激しさを増し、同年十二月十九日、ついに和睦に同意した。

家康が和議に持ち込んだ理由として、こんな実しやかな逸話がある。かつて大坂城の築城が始まった頃、秀吉は家臣を集めて、こう自慢した。

「こたびの新しい城は、まさしく金城湯池（きんじょうとうち）と言えるものである。たとえ何万の兵で攻撃しようとも、簡単に落城することはない」

続けて秀吉は、

「この城を攻めるには二つの方法がある。大軍をもって年月をかけて城を取り囲み、城内の兵糧（ひょうろう）が尽きるのを待つか、そうでなければ、一旦講和を結んだ後、堀を埋め、塀を壊してから、さらに攻め込めば落城するだろう」と付け加えた。その場にいた家康は、大坂の陣の際にそれを思い出し、実行に移したというのである。

⑺5 「大坂冬の陣」の講和条件
～女性同士の交渉で有利に～

和睦の交渉役として、豊臣方が選んだのは、意外にも女性であった。淀殿の妹で、京極高次の未亡人・常高院（初）である。重臣同士の交渉では決裂の可能性が高いと考えたのだろう。

家康も豊臣方に応じ、交渉役として、側室の阿茶局を選んだ。こうして、女性同士による和睦交渉が、徳川方の京極忠高（高次の長男）の陣で行われた。阿茶局はすでに還暦を迎えていたが、小牧・長久手の戦いの際、家康に従うなど（陣中懐妊し流産したとも）、戦にも随行するような才知に長けた女性だった。しかも、徳川方は、阿茶局に重臣・本多正純を付き添わせていた。

一方の常高院は、亡夫・高次が関ヶ原合戦で西軍から東軍に寝返っており、中立的な立場ではあったが、徳川方の意向を無視することはできなかったろう。

交渉は自ずと、徳川方が条件を示し、豊臣方がそれを了承するという形になった。交渉三日目の十二月十九日、誓書が交わされ、両者の間に和平が成立した。交渉結果は、おおむね次のようなも

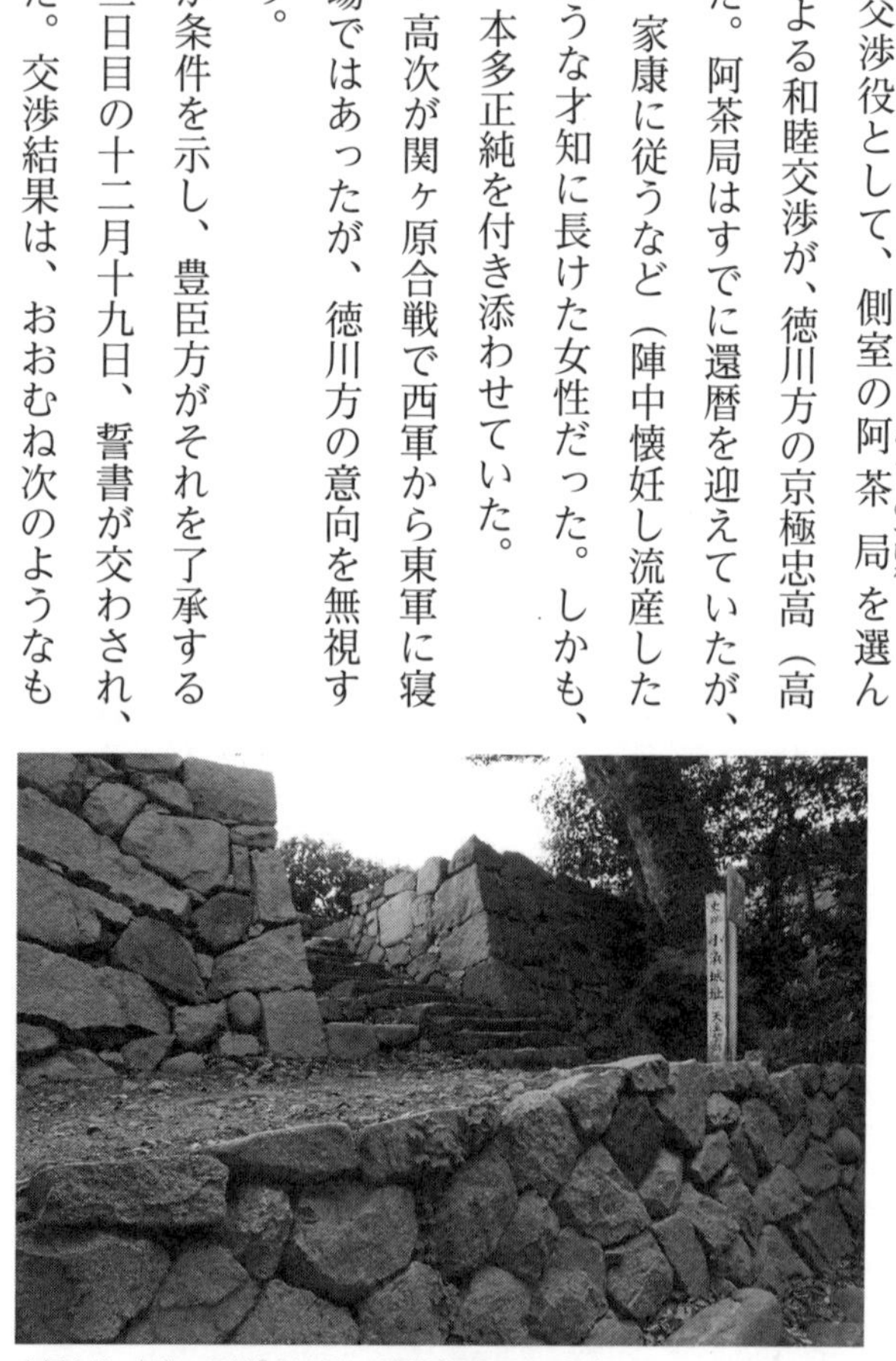

京極忠次・忠高の居城「小浜城」の遺構（福井県小浜市）

のであった。

①本丸を除き、二の丸・三の丸は皆破却する
②淀殿は人質にならなくてよいが、大野治長・織田有楽から人質を出す
③秀頼とその知行については保障する
④秀頼が大坂城を立ち退くのであれば、何処の国でも望み次第とする
⑤籠城した牢人たちの咎めだてはしない

この内容に、家康は、大坂攻めの次のステップに進む御膳立てができたと、ほくそ笑んだのではないか。もっとも、この時点では、家康は秀頼の命まで取ろうとは思っていなかったようである。

ところで、大野治長は和議の条件に従い、次男の治安を人質として差し出している。治長の母は、大蔵卿局とされ、淀殿とは乳母子の間柄であった。片桐且元の追放後は、豊臣氏を主導する立場にあったのだが、講和時の治長について、こんな逸話がある。

和議が成った後、治長が織田有楽とともに、祝いを言うため、茶臼山の家康の所へ出向くと、家康は本多正純を呼び寄せ、

「わしは修理（しゅり）（治長）のことを若輩者と思っていたが、今回の戦いでは城の主将として、諸将を指揮して武勇ぶりを示し、また秀頼に対しては忠節を存分に発揮した。お前も修理にあやかれ」と言い、治長の肩衣（かたぎぬ）を所望し、治長が承知するとそれを正純に着せた。

治長は感激して涙を流し、有楽も「私も太平の恩恵に浴して、今後は生涯を楽しんで送ろう」と、

茶を点じる真似をして帰ったという。
家康は和睦した相手に、内心とは別に礼をもって接したようである。

⑯「大坂夏の陣」で豊臣氏滅亡
～淀殿・秀頼母子の助命を望む？～

慶長十九年（一六一四）十二月、豊臣方との講和が成立すると、家康は翌慶長二十年（一六一五）正月三日、駿府に戻った。秀忠は大坂に残って、講和条件に基づき大坂城の堀の埋立てを進め、伏見城に引き上げたのは、同正月十九日のことであった。

諸大名もそれぞれ帰国を許されたが、三月になると、京都所司代・板倉勝重から、大坂に不穏な動きがあると駿府に伝えられた。豊臣方が堀の修復を行い、兵糧米や木材を城内に運び込んでおり、牢人も去るどころかかえって人数が増えているとのこと。

こうした兆候は、再戦の準備に違いなく、家康は秀頼に改めて、大坂城を明け渡し、大和か伊勢あたりに国替えするか、牢人たちをすべて召し放つか、いずれかを選択するように迫った。これに対し、四月五日に大野治長の遣いが、国替えは容赦願いたいと伝えて来た。

しかし、家康はすでに再度の大坂攻めを決意しており、その前日の四月四日に九男・義直（二二〇頁系図４参照）の婚礼のため、駿府を出て、名古屋に向かっていた。

これは事実上の出陣であった。六日、中泉（静岡県磐田市）に着いたところで、家康は、西国の諸大名に、兵庫・西宮・尼崎辺りまで出陣するよう命じた。

四月十八日、家康は二条城に入り、常高院らを大坂に遣わし、最後通牒として、国替え、牢人の召し放ちなど三ヵ条の書き付けを届けたが、豊臣方はもはやそれらを受け入れる状況になかった。二十五日、徳川方の諸大名が次々と大坂城方面へ出撃し、「大坂夏の陣」が始まった。大坂城は堀を埋められ、本丸だけの状態であったので、豊臣方は籠城戦を採ることができず、やむなく城外へ打って出たのだった。

家康は五月五日に二条城から出陣し、河内方面に向かい、六日に枚岡へ着陣した。兵力の差から、勝負の行方は明らかであった。本多正純が軍の装備について伺いを立てた時、家康は、

「すべて五日分と決め、兵糧は腰に付けた分だけで、馬で荷を運ぶ必要はない。白米三升、鰹節十本、塩鯛一枚と味噌や香の物を少し持たせよ」と命じたという。戦いは短期で終結すると見込んでいたのだ。そして、事態はその通りに進むのである。

豊臣方は後藤基次・木村重成・長宗我部盛親らが奮戦したが、次々と討ち死にしていった。七日、大坂城南の天王寺口や岡山口で最後の激戦が行われた。

天王寺口では、豊臣方の毛利勝永・真田幸村・大野治長が決戦に挑み、幸村隊は松平忠直（家康の孫）率いる大軍の中を突破し、一時家康の本陣に迫った。この時、家康の本陣では、真田勢の猛攻に恐れをなした旗本衆が、家康を残して逃げ去り、年老いた家康は腰を抜かして、地べたに倒れ込んだ

ともいわれる（切腹を覚悟したとも）。

しかし、やはり多勢に無勢で、やがて豊臣方は劣勢となり、徳川方は大坂城内へとなだれ込んでいった。天守閣や本丸から火の手が上がり、淀殿と秀頼は山里曲輪（くるわ）に逃れた。大野治長は千姫を脱出させ、家康のもとに送り、千姫は淀殿と秀頼の助命を家康に請うた。

その際の逸話が残されている。家康は、

「千姫の願いならそれに任せよう。秀頼・淀殿母子を生かしておいても、大したことはない」と言って、本多正信にその旨を将軍・秀忠に伝えるよう命じたが、それを聞いた秀忠は、

刻印石の並ぶ現在の山里曲輪（大阪城公園）

淀殿・秀頼自刃の地碑（大阪城公園）

「姫君は、どうして余計なことを言わずに秀頼とともに死なないのか」と言い、大御所（家康）のお言葉ではあるが、度重なる謀反もあり、これ以上（秀頼を）助けるのは難しい、として、家康の意向に従わなかったので、家康は大変機嫌を害したという。

そして翌八日、淀殿と秀頼は山里曲輪の糒倉（ほしいぐら）で自害し、ここに豊臣氏は滅んだ。秀吉の死から十七年目のことであった。ちなみに、秀頼が側室との間にもうけた、当時八歳の息子・国松は、匿（かくま）われていたところを捕らえられて、秀忠のもとに連行され、五月二十三日、市中引き回しのうえ、六条河原で斬首された。

一方、国松の妹は、千姫の養女として鎌倉の東慶寺に預けられ、尼（天秀尼）となって生涯を終えた。果たして、淀殿・秀頼母子の死は、家康にとって誤算だったのかどうか。

ところで、夏の陣の間、家康の陣には続々と敵の首級が届けられ、首実検が行われた。炎暑のため傷んだ首も多く、家康はもう持ってくることはないと指示したが、真田幸村の首は見ようと言った。松平忠直の家臣・西尾久作（仁左衛門／宗次）が幸村の首級を届けにくると、家康は、

「勝負はどうであったか」と西尾に聞いた。

「互いに死力を尽くして戦った末、自分が幸村を討ち取りました」

そう答えた西尾に対し、家康は「幸村ともあろう武将が、お前ごときと太刀打ちして、討たれるはずがない」と言って憮然（ぶぜん）としたという。

敵将ながら、自分を切腹寸前まで追い込んだ相手を、家康はリスペクトしていたのかもしれない。

そして、もしそんな危機に陥った瞬間が本当にあり、それを凌（しの）いだのだとしたら、家康の武運は正に長久（ちょうきゅう）だったといえるだろう。

⑰「武家諸法度」等の制定
～後進に任せるための体制づくり～

秀頼が死去したことにより、豊臣公儀は消滅した。家康は、秀頼の所領を没収して、徳川氏の直轄領とした。これにより、徳川公儀が全国にあまねく成立した。家康は早速それを示すため、「法度」の制定に取り掛かった。まず初めは、「武家諸法度」であった。家康は、金地院崇伝や林羅山に命じ、和漢の書籍を集めさせた。

その上で、崇伝が起草し、夏の陣からわずか二ヵ月後の慶長二十年（一六一五）七月七日、伏見城に集まった諸大名に対し、秀忠の名で公布された。

同法度は十三ヵ条からなり、第一条で「文武弓馬の道、専らあい嗜むべき事」とし、以下、法度に違反した者をかくまうことや、無断で城を造ったり修繕すること、徒党を組んだり私的に婚姻を結ぶことなどを禁じ、参勤の作法や着用すべき衣服、輿の使用などについて、定められた。

武家諸法度と同時期に、家康は朝廷の法度である「禁中並公家中諸法度」も制定した。これも崇伝と羅山が作成に携わり、家康、秀忠、前関白・二条昭実（あきざね）が連署した。同年七月十七日に、二条城に諸公家を集めて秀忠から申し渡された。

同法度は十七ヵ条から成り、第一条に「天子諸芸能のこと、第一学問なり」とあり、第二条以下で、大臣・親王の座位、大臣・摂関の任免、女性の家督相続の禁止、武家の官職と公家の官職の分離、改元の規定、天皇以下公家衆の衣服、僧正・門跡・院家の叙任や紫衣勅許の制限などが定められた。

さらに、元和元年（一六一五）七月二十四日（七月十三日に慶長から元和に改元）、「諸宗諸本山諸法度」が各本山宛てに出された（真言宗法度・高野山衆徒法度・五山十刹諸山之諸法度・大徳寺諸法度・妙心寺諸法度・永平寺諸法度・摠持寺諸法度・浄土宗諸法度・浄土西山派諸法度）。

寺院への法度は、やはり崇伝が関与し、慶長六年（一六〇一）に高野山へ出されたのをはじめとして、各宗・各寺院あてに出されていた。

学問儀礼の奨励、本寺末寺制度の確立、僧侶の任官、昇進などの幕府奏聞、悪僧徒党の追放、などが定められ、寺院内部の統制を厳しくするものであったが、諸宗諸本山諸法度により、従来あいまいであった宗派、本山を確定することになった。

こうした法度の制定により、家康は、諸大名や朝廷、寺院の内部に幕府が介入する根拠を得るとともに、武力ではなく、法の制定と運営による幕藩体制の基礎を築いたのであった。

そして、八月四日に家康は駿府に帰るべく京都を発つが、その直前、二条城にいる家康のもとに、秀忠が伺いを立てるため、宿老を寄こしたことがあった。その時家康は、

「これまでは、将軍から天下の大小さまざまなことについて、話し合いがあるたび、意見を伝えて

きたが、今後は何事も将軍の考えに任せる。決めたことについて、さらに駿府に意見を聞く必要はない」と言って、その旨秀忠に伝えるよう宿老らに命じたという。

ようやくすべてを後進に委ねる体制が整ったと、家康は判断したのだろう。

⑱ 春日局と面会（家光の元服問題）
～「長幼の序」を通す～

すべてを秀忠に任せたはずの家康であったが、まだ気にかかることが残っていたようである。それは将軍の後継者問題であった。

二代将軍・秀忠の正室、江が長男を出産したのは、慶長九年（一六〇四）七月十七日のことであった。江は、小谷城主・浅井長政と信長の妹・お市の方の間に生まれた、三人娘の三番目であった。長女は茶々（淀殿）、次女は初（常高院）である。江は再婚で、秀忠より六つ年上であった。

江の産んだ男子は、慣例によって竹千代と名付けられた。のちの徳川家光である。竹千代にはお福という乳母があてがわれた。

お福は、明智光秀の家老・斎藤利三（としみつ）の娘で、小早川秀秋の家老・稲葉正成（いなばまさなり）に嫁いで三人の男子を産んでいたが、四人目を産んだ時に竹千代の乳母に抜擢されたのであった。

その理由として、小早川秀秋に関ヶ原での寝返りを勧めたのが正成であり、そのことから、正成の妻・お福が家康の目に止まったという説もある。さて二年後、江は次男を産む。国松と名付けられたその子（のちの忠長）は、成長するにつれ聡明さが際立つようになる（二一九頁系図3参照）。江は、病弱な竹千代より、国松のほうを可愛がり、秀忠も姉さん女房の江に引きずられるように、彼女に同調した。このままでは、将軍の後継は国松になってしまう――危機感を抱いたお福は、竹千代が元服適齢の十二歳になると、駿府まで出向いて、家康に竹千代を三代目とするよう直訴したといわれる。

そうかあらぬか、家康は結局、竹千代を三代目に選んだ。それは、徳川将軍家の安泰のためには、才能よりも「長幼の序」が重要と踏んだ、家康の深謀遠慮からだろう。江戸城において、家康が自分の席のほうへ竹千代を手招きした時、竹千代と一緒に上がろうとする国松に対し、「国松はそこへ控えておれっ！」と叱ったという話は、映画やドラマのシーンでもお馴染みである。

のちに家康は、御台所（江）と対面した時、

「嫡子と庶子のけじめは、幼い時から習慣としなければならない。将来、国松がしっかり成長すれば、竹千代を守護する臣になるので、今からそのように心構えをさせなさい。これは国松のためでもある」

と諭した。そして、同席していた秀忠には、

春日局の菩提寺「麟祥院」（妙心寺塔頭／京都市右京区）

「竹千代は、よくよくそなたの生い立ちに似ているから、一層わしの愛孫だ」と言うと、秀忠は家康の深い考えに感謝し、御台所はただ顔を赤らめていた、という逸話もある。

竹千代の元服は、元和二年（一六一六）中に行われる予定であったが、家康の死去のために延期され、竹千代が元服して「家光」を名乗るのは、元和六年（一六二〇）九月のことである。

なお、お福は家光の将軍就任に伴い、江のもとで大奥の公務を取り仕切るようになる。そして寛永六年（一六二九）十月、公家と縁組をして参内を許され、「春日局（かすがのつぼね）」の名号を賜ったのだった。

⑲ 天下人の死
～永眠の場として日光を選ぶ～

大坂夏の陣で豊臣氏を滅ばし、後顧の憂いの無くなった家康は、その年の秋以降、関東各地で鷹狩りを楽しんだ。また、駿府に替えて泉頭（いずみがしら）（静岡県清水町）などに、新たな隠居場所の造営を計画し始めていた。

しかし、年が明けた元和二年（一六一六）正月二十一日、田中（静岡県藤枝市）で鷹狩りを楽しんだその日の夜、痰が詰まる症状が出た（この日の鷹狩りが、家康にとって生涯最後の鷹狩りとなった）。一旦は持ち直し、同月二十五日には駿府に帰ることができたが、食が進まない状況が続き、病状は次第に悪化していった。

三月十七日、見舞いに訪れた勅使から、太政大臣任官の申し入れがあり、家康はそれを受諾する。その同日、家康は秀忠を側に呼び、

「この煩(わずら)いにて果てると思うが、このようにゆるゆる天下を渡せるのは満足に思う。思い残すことはないが、義直・頼宣・頼房(よりふさ)を側において目を掛けるように。これのみが頼みである」と申し渡したという。

実はこの時、家康には秀忠とこの三人以外にもう一人、忠輝という男子がいた。かつて少年時代に、徳川氏の将軍継承に激怒した淀殿を宥(なだ)めるため、同年代の秀頼の話し相手として、家康が大坂城へ送り込んだ、家康の六男である（二二一頁系図4参照）。

その後忠輝は、伊達政宗の娘・五郎八(いろは)娘(ひめ)を妻としたが、家康は最後まで忠輝に面会しようとしなかった。その理由は、忠輝の生母・茶阿局(ちゃあのつぼね)の身分が低かったこと、大坂夏の陣に遅参したことのほか、容貌が生まれながらに醜かったからだともいわれる（長男・信康に似ていたからとも）。

忠輝はその後も失態が相次ぎ、翌元和二年（一六一六）七月、秀忠によって改易され、伊勢国への配流処分となった。

もう一人、家康に気になる親族がいたとしたら、秀忠の五女・和子(まさこ)ではなかったろうか。徳川家のさらなる「貴種化」を図ろうとしていた家康は、慶長十二年（一六〇七）に和子が生まれると、早速入内の計画を立て、同十九年（一六一四）三月八日には、後水尾天皇への入内について、朝廷から内旨を得たが、その後の大坂の役で話が頓挫していたのだった。

家康の死後、その思いを引き継いで、秀忠が再び話を進め、元和六年（一六二〇）、和子は後水尾天皇の女御となり、二人の間に生まれた興子内親王は、寛永六年（一六二九）に即位して、明正天皇となる（二一九頁系図3参照）。こうして、家康の望み通り、徳川氏は天皇の外戚の地位を得ることになるのである。

さて、死期が近いと悟った家康は、四月二日、本多正純・南光坊天海・金地院崇伝を呼び、自らの死後の対応について指示した（家康の死因は、胃がんと推定されており、最後まで意識はしっかりしていたようだ）。

その内容は、

①遺体は駿河久能山に収めること
②葬礼は江戸の増上寺で行うこと
③位牌は三河大樹寺に立てること
④一周忌が過ぎたら、下野日光山に小さな堂を建て勧請せよ、関八州の鎮守となろう

というものであった。

なぜ、家康は日光（栃木県日光市）を選んだのか。日光は山岳信仰の霊場であり、家康の尊敬する源頼朝が寄進していたからだとも、また、江戸から見て日光は、北辰（北極星）の方向にあるからと

徳川家の菩提寺「増上寺」（東京都港区）

もいわれるが、はっきりはしない由である。

遺言から二週間後の四月十七日、家康は七十五年の生涯を閉じた。遺体はその夜のうちに、遺言通り久能山（静岡市駿河区）に移された。取り急ぎ廟内に仮殿が建てられ、十九日にそこへ遺体は収められた。儀式は吉田神道により執り行われ、家康の神号も「大明神」となるはずであった。

久野山東照宮（静岡市駿河区）　写真提供：静岡県観光協会

ところが、これに対して天海が、山上神道によって「権現」として祀るべきだと主張して、崇伝との間で激論となった。ちなみに、神仏習合の時代にあって、「大明神」は仏教的な神の称号であるのに対し、「権現」は仏菩薩が衆生を救うため、神に姿を変えて現れたものとされた。生前の家康は、自分の遺言がこんな紛糾を引き起こすとは、思いもしなかったろう。

結局、豊臣大明神を引き合いに出し、「大明神」は縁起が悪いとした天海の言い分が通り、家康は「権現」として祀られることになった。

そして、朝廷から四つの神号の試案が示され、その中から秀忠の意向により「東照大権現」に決まった。翌元和三年（一六一七）三月、下野日光山に東照社が完成し、家康の遺体は久能山から東照社（日光東照宮）へ改葬されたのだった。

その後、江戸時代を通じて、日光東照宮は、伊勢神宮（三重県伊勢市）、善光寺（長野県長野市）と並ぶ日本の代表的な参詣地となり、全国から多くの参拝者を呼び寄せた。現在では世界文化遺産に登録されたこともあり、毎年百万人超の人々が訪れる観光スポットになっている。

系図1　松平氏系図

※数字は当主歴代順

（　）は庶流名

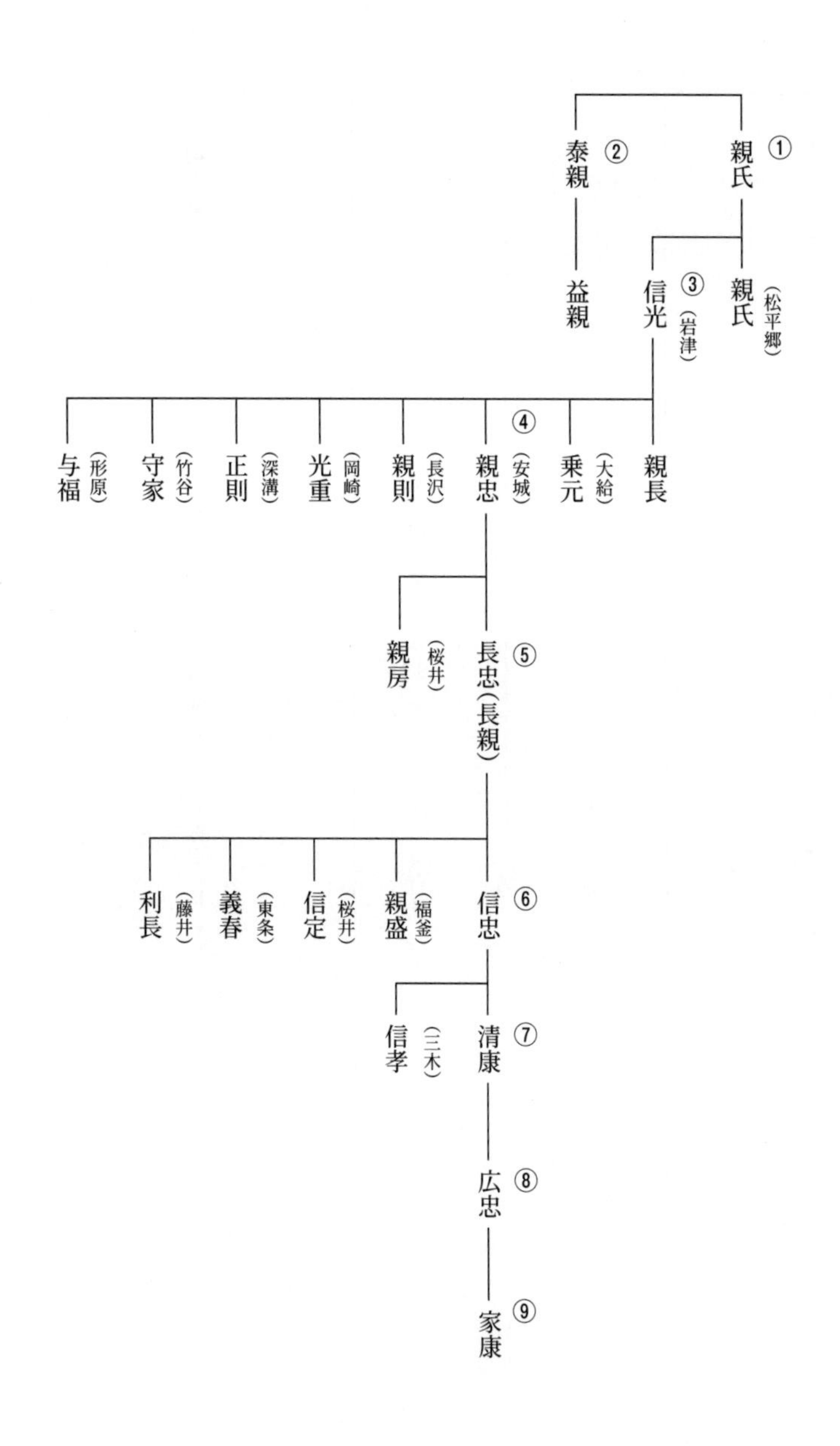

系図２　清和源氏に繋がる徳川氏系図

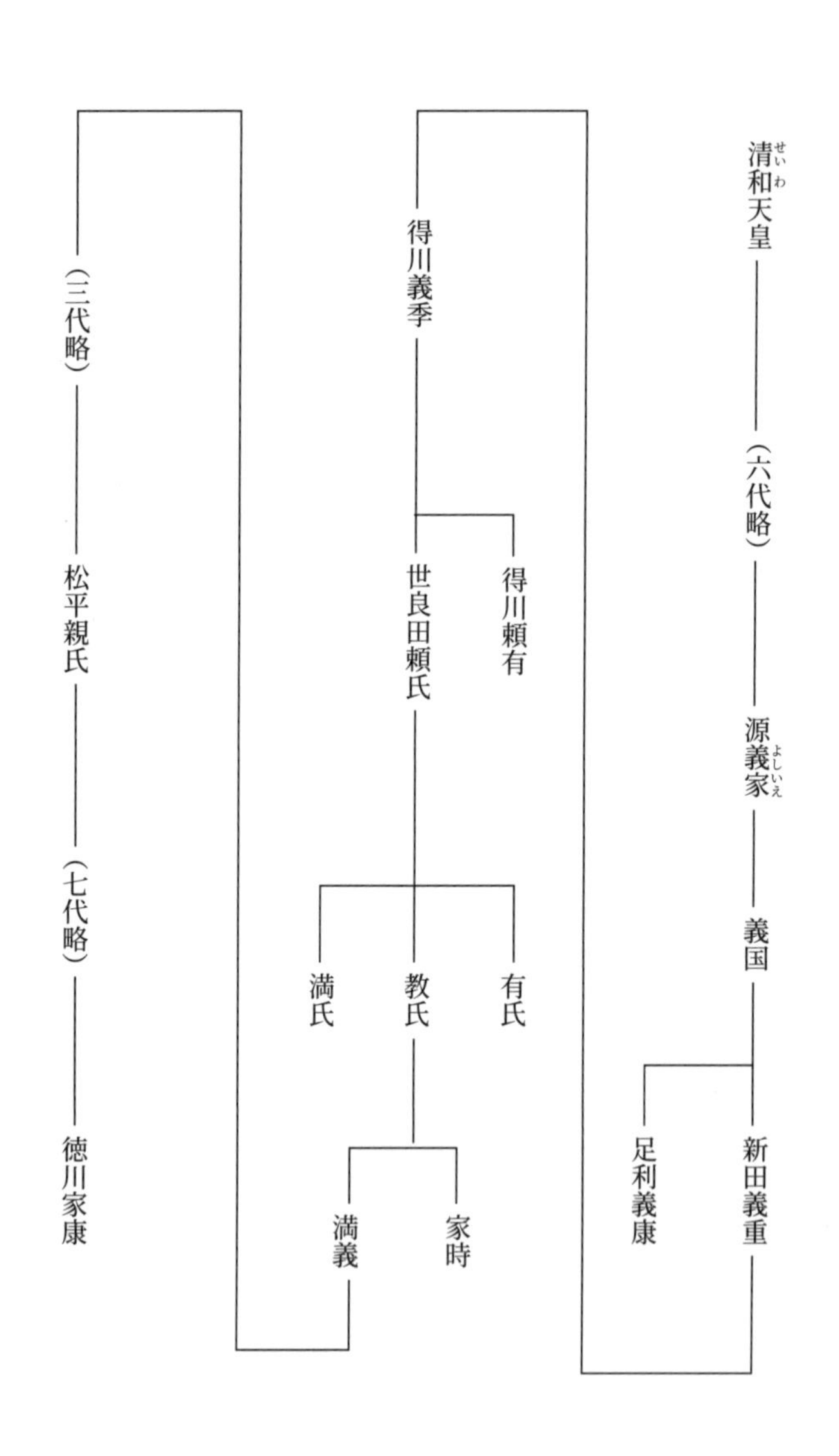

系図3　松平氏・水野氏関係図

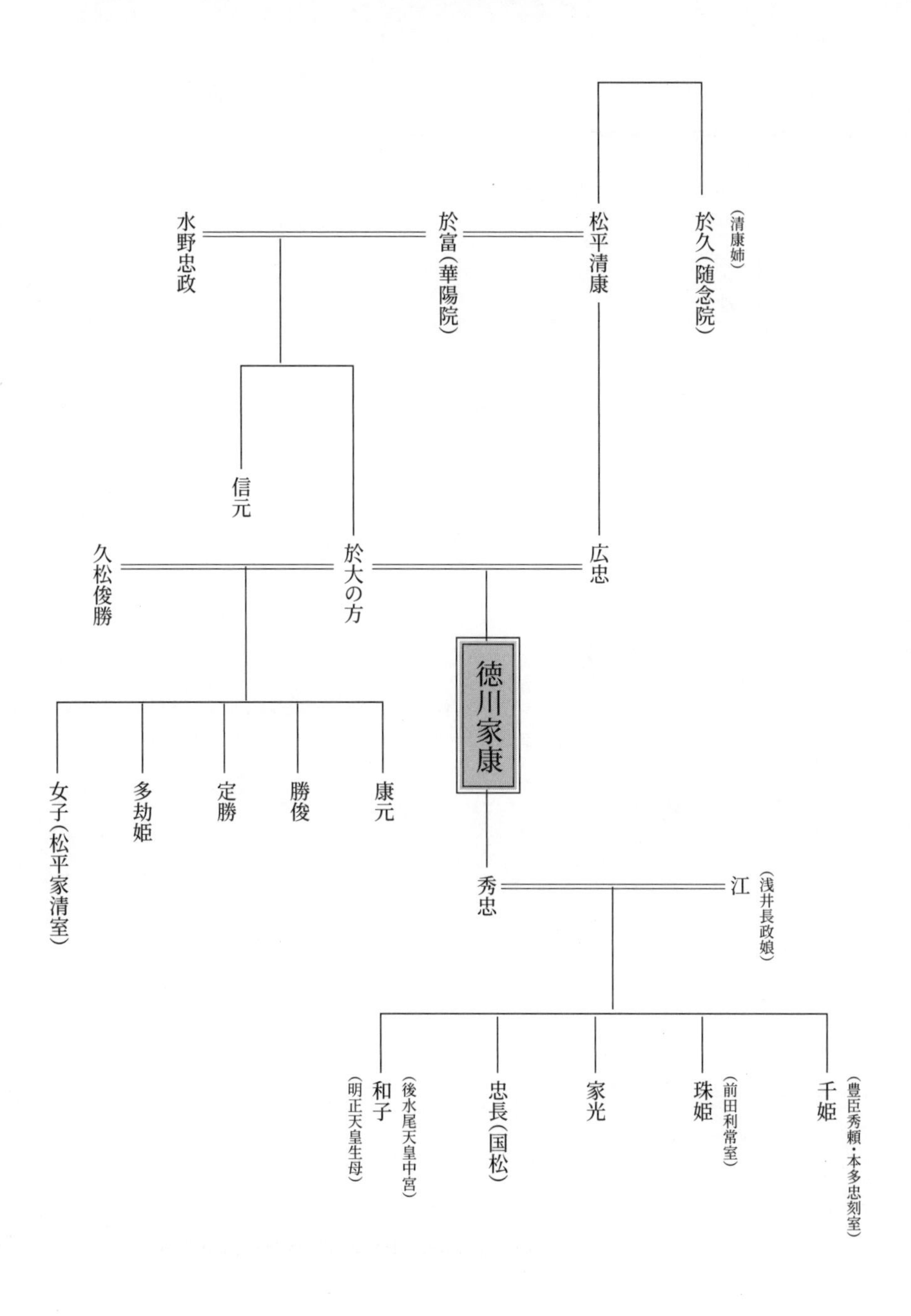

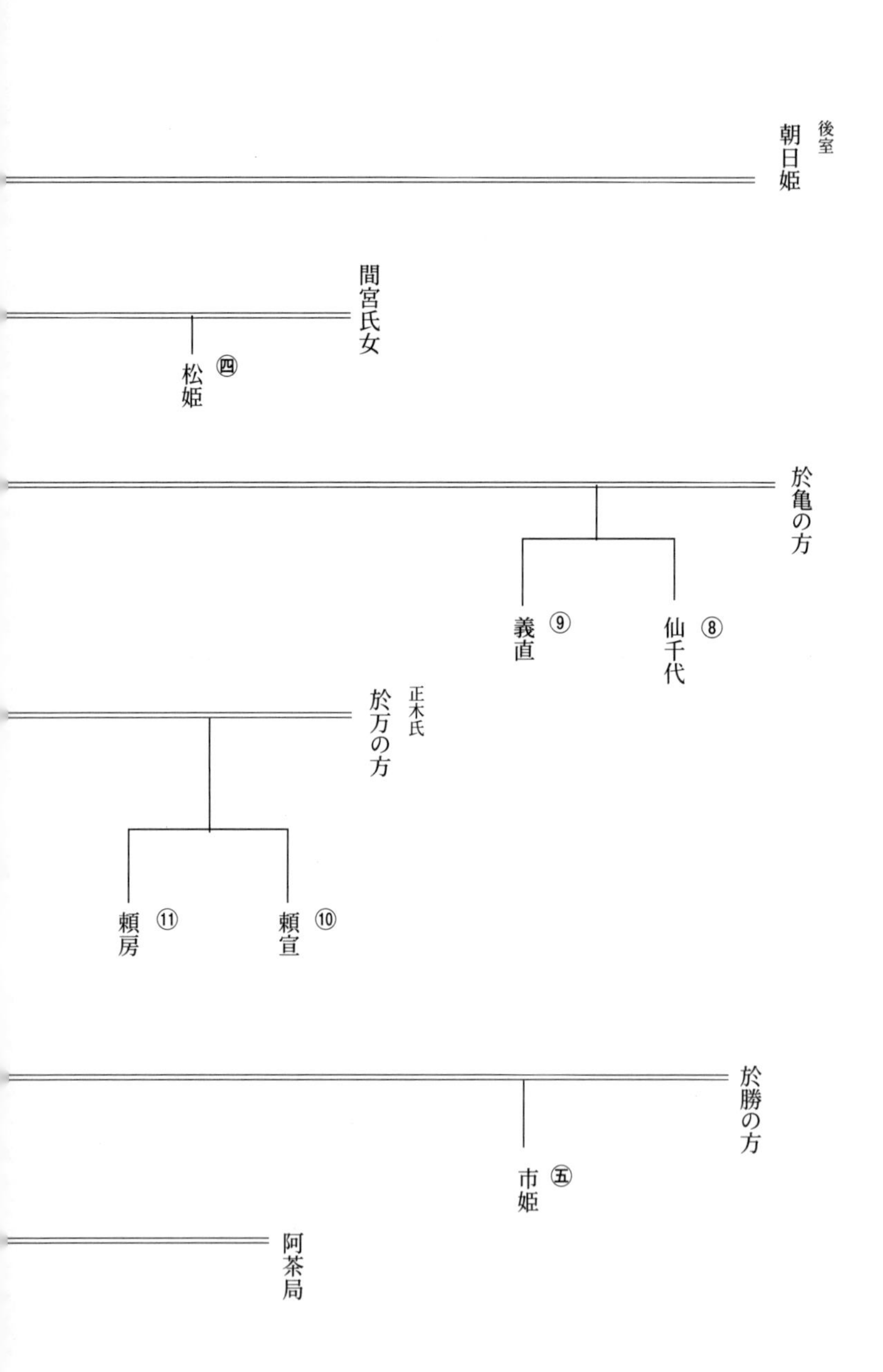

※算用数字は男子の出生順、漢数字は女子の出生順

系図４　家康の妻妾と子供

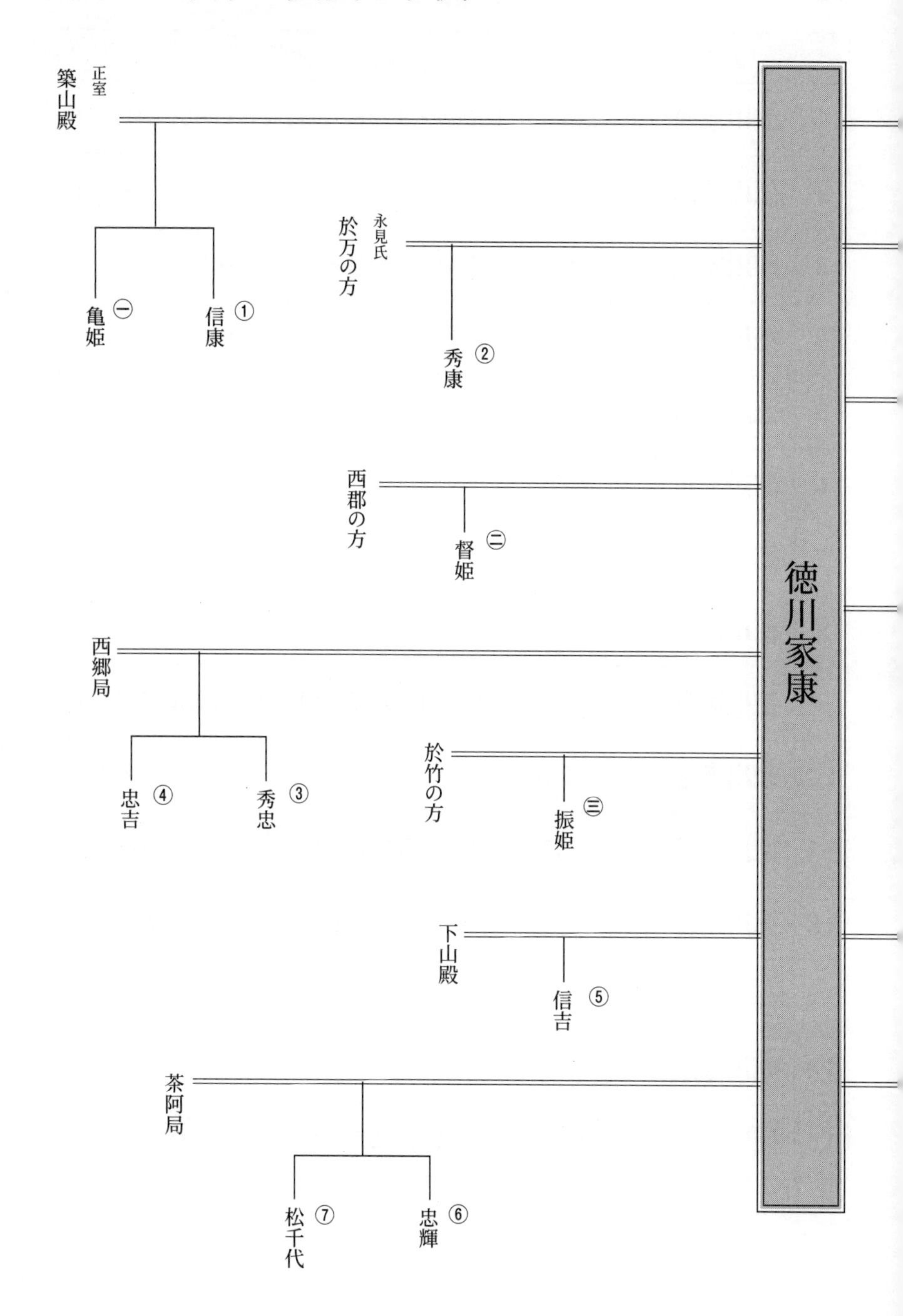

徳川幕府歴代将軍一覧

代	氏名(享年)	在位期間
1	**徳川家康**(75)	慶長8年(1603)2月12日~慶長10年(1605)4月16日
2	**徳川秀忠**(54)	慶長10年(1605)4月16日~元和9年(1623)7月27日
3	**徳川家光**(48)	元和9年(1623)7月27日~慶安4年(1651)4月20日
4	**徳川家綱**(40)	慶安4年(1651)8月18日~延宝8年(1680)5月8日
5	**徳川綱吉**(64)	延宝8年(1680)8月23日~宝永6年(1709)1月10日
6	**徳川家宣**(51)	宝永6年(1709)5月1日~正徳2年(1712)10月14日
7	**徳川家継**(8)	正徳3年(1713)4月2日~享保元年(1716)4月30日
8	**徳川吉宗**(68)	享保元年(1716)8月13日~延享2年(1745)9月25日
9	**徳川家重**(51)	延享2年(1745)11月2日~宝暦10年(1760)5月13日
10	**徳川家治**(50)	宝暦10年(1760)5月13日~天明6年(1786)9月8日
11	**徳川家斉**(69)	天明7年(1787)4月15日~天保8年(1837)4月2日
12	**徳川家慶**(61)	天保8年(1837)4月2日~嘉永6年(1853)6月22日
13	**徳川家定**(35)	嘉永6年(1853)11月23日~安政5年(1858)7月6日
14	**徳川家茂**(21)	安政5年(1858)10月25日~慶応2年(1866)7月20日
15	**徳川慶喜**(77)	慶応2年(1867)12月5日~慶応3年(1868)12月9日

関連年表

天文11（1542）	家康（幼名・竹千代）、三河国岡崎城で生まれる（12月26日）
天文13（1544）	父・松平広忠と母・於大の方離婚（9月）
天文16（1547）	今川氏へ人質として送られる途中、奪われて尾張国の織田氏の人質となる（8月）
天文18（1549）	父・広忠、岡崎城で岩松八弥に殺害される（3月10日）
	織田氏と今川氏の人質交換で駿府へ行く（11月）
弘治元（1555）	今川氏のもとで元服し、松平次郎三郎元信を名乗る（3月）
弘治2（1556）	岡崎大仙寺に寺地を寄進する（6月24日）
弘治3（1557）	関口義広の娘（築山殿）を娶る（1月15日）
永禄元（1558）	三河国高隆寺に条々を出す（5月3日）
	三河国寺部城の鈴木重辰を攻める（初陣／2月5日）
	名を元信から元康に（7月17日までに）変更する
永禄2（1559）	嫡男・信康、駿府で生まれる（3月6日）
永禄3（1660）	今川氏の先鋒として大高城に兵糧を入れる（5月18日）
	桶狭間の戦い、今川義元戦死（5月19日）
	大高城を出た後、岡崎城に入る（5月23日）
永禄4（1661）	今川方と三河国牛久保で戦う（4月11日）
永禄5（1562）	家康と信長の清洲同盟成立（1月15日）
	将軍・足利義輝、松平氏と今川氏の和睦を求める（1月）
	今川氏との人質交換で、正室・築山殿と嫡男・信康を駿府から岡崎に引き取る（2月）

永禄6（1563）	信康、織田信長の娘・徳姫と婚約（3月2日）。結婚は永禄10年5月
	三河一向一揆勃発（9月）。翌年2月に鎮圧
	（10月24日までに）元康を家康に改名
永禄8（1565）	渥美郡の吉田・田原城を攻略、全三河を統一（3月）
	将軍・足利義輝、京都二条御所で殺害される（5月19日）
	足利義昭から入洛のための出勢を求められる（10月）
永禄9（1566）	従五位下三河守に叙任、松平から徳川に改姓し、本姓を藤原とする（12月29日）
永禄11（1568）	武田信玄と同盟（2月）
	織田信長、足利義昭を奉じて入京（9月26日）
	掛川城の今川氏真を攻める（12月27日）
永禄12（1569）	今川氏真、掛川城を開城。今川氏滅びる（5月15日）
元亀元（1570）	信長に従って上洛（2月30日）
	信長の越前朝倉攻めに参陣（4月20日）
	引間城を改修して入城、引間を浜松に改名する（6月）
	姉川の戦いに参陣（6月28日）
	武田信玄と絶縁、上杉輝虎（謙信）と同盟（8月）
	志賀の陣で、近江国に着陣（10月2日）
元亀2（1571）	信長、比叡山を焼き討ち（9月12日）
	小田原を脱出した今川氏真を浜松に受け入れる（12月）
元亀3（1572）	三方ヶ原の戦いで武田軍に敗れる（12月22日）
天正元（1573）	武田信玄死去（4月12日）
	足利義昭、槇島城で信長に降伏、室町幕府滅亡（7月18日）

天正2（1574）	高天神城を武田方に奪われる（6月17日）
天正3（1575）	長篠の戦いで武田氏を破る（5月21日）
天正6（1578）	武田勝頼の留守を突いて、駿河田中城を攻める（8月22日）
	上杉謙信死去（3月13日）
天正7（1579）	正室・築山殿を佐鳴湖畔で殺害（8月29日）
	北条氏政と同盟（9月5日）
	嫡男・信康、二俣城で自刃（9月15日）
天正8（1580）	信長の娘・徳姫を安土へ送る（2月20日）
天正9（1581）	高天神城を奪還する（3月22日）
天正10（1582）	甲斐に向け浜松城を出馬する（2月18日）
	武田勝頼自刃、武田氏滅亡（3月11日）
	信長から駿河を拝領する（3月29日）
	甲府から浜松まで信長を先導する（4月10日～16日）
	安土で信長の饗応を受ける（5月15日～21日）
	本能寺の変、信長自刃（6月2日）
	堺から伊賀越えで（6月5日までに）岡崎へ帰る
	山崎の戦いで、羽柴秀吉が明智光秀を破る（6月13日）
	岡崎城から尾張国鳴海まで進軍したところで、秀吉の使者が来て、明智軍鎮圧につき、撤兵を要求される（6月19日）
	甲斐へ向け浜松を出馬（7月3日）
	若神子で北条軍と対峙（8月）
	北条氏と和睦、新たに徳川・北条同盟を結ぶ（10月29日）

天正11（1583）	賤ケ岳の戦い（4月21日） 次女・督姫と北条氏直が結婚（8月15日）
天正12（1584）	小牧・長久手の戦い（3月～4月） 羽柴秀吉と織田信雄が講和（11月11日）
天正13（1585）	秀吉、関白に就任（7月11日） 上田城の真田昌幸を攻めるも撃退される（閏8月2日～28日） 家臣・石川数正が秀吉のもとへ立ちのく（11月13日）
天正14（1586）	秀吉と家康の和睦が成立（2月8日） 秀吉の妹・朝日姫と浜松で婚儀（5月14日） 秀吉、豊臣姓を賜る（9月9日） 大坂城で秀吉に拝謁する（10月27日）
天正15（1587）	駿府城の普請始める（1月～） 従二位権大納言に叙任（8月8日）
天正16（1588）	清華成（3月29日） 後陽成天皇、聚楽第行幸（4月14日～18日） 秀吉に三ヵ条の誓紙を提出（4月15日）
天正17（1589）	三河・遠江・駿河・甲斐の村々に七ヵ条定書を出す（7月7日～）
天正18（1590）	小田原攻めのため、駿府を出馬（2月10日）、小田原まで進む（4月3日） 北条氏直、投降する。後北条氏滅亡（7月5日） 秀吉から関東への転封を命じられる（7月13日） 江戸城に入る（8月1日）

天正19（1591）	九戸で一揆起こる（3月）。一揆鎮圧（9月4日）
	豊臣秀次、関白に任じられる（12月28日）
文禄元（1592）	京都を発し、名護屋城へ向かう（3月17日）
	朝鮮出兵（文禄の役）始まる（4月）
	秀吉の渡海を前田利家とともに諫める（6月）
文禄2（1593）	明使の接待を命じられる（5月15日）
	秀吉の嫡男・秀頼誕生（8月3日）
	名護屋城から大坂へ帰還（8月29日）
文禄3（1594）	伏見城普請中の五ヵ条の法度を定める（2月5日）
	拠点を京都から伏見に移す（9月）
文禄4（1595）	豊臣秀次、関白職を奪われ、高野山で自刃（7月15日）
	毛利輝元・小早川隆景らと連署で起請文を上げる（7月24日）
	「御掟」「御掟追加」が制定される（8月3日）
	嫡男・秀忠、故浅井長政の娘・江を娶る（9月17日）
慶長元（1596）	慶長伏見大地震（閏7月12日）
慶長2（1597）	朝鮮出兵（慶長の役）始まる（1月）
慶長3（1598）	五奉行にあて、八ヵ条の起請文を出す（8月5日）
	豊臣秀吉死去（8月18日）
	四大老の連署により、朝鮮出兵の諸将に和議と撤兵の指示を出す（8月28日）
慶長4（1599）	四大老からの詰問を受け、四大老、五奉行にあて起請文を出す（2月5日）
	前田利家病没（閏3月3日）

慶長4（1599）	加藤清正らによる石田三成殺害の企てがあり、両者を仲裁、三成を佐和山へ退去させる（閏3月10日）
	伏見向島から伏見城西の丸に入る（閏3月13日）
	高台院と入れ替わり、大坂城二の丸に入る（9月28日）
慶長5（1600）	オランダ船リーフデ号の乗組員、ウィリアム・アダムスらを大坂城で引見する（3月30日）
	会津攻めのため大坂城を出陣（6月16日）
	三奉行、家康への弾劾状を諸大名へ送る（7月17日）
	下野国小山で、会津攻めの延期と西上を決める（7月25日）
	江戸帰着（8月5日）
	池田輝政・福島正則らの攻撃により岐阜城陥落（8月23日）
	江戸出陣（9月1日）
	関ケ原合戦、東軍が勝利（9月15日）
	大津城で嫡男・秀忠と会う（9月23日）
	石田三成・小西行長・安国寺恵瓊を六条河原で処刑（10月1日）
	関ケ原合戦の論功行賞を始める（10月1日～）
慶長6（1601）	板倉勝重を京都所司代に任命（9月）
	安南国等との朱印船貿易を開始する（10月）
慶長8（1603）	征夷大将軍に任じられ（2月12日）、江戸に幕府を開く
	秀忠の娘・千姫が、豊臣秀頼のもとに輿入れする（7月28日）
慶長9（1604）	松前慶広に蝦夷統治に関する三ヵ条の定めを与える（1月27日）
	糸割賦制度を導入する（5月3日）

	秀忠の嫡男・家光誕生（7月17日）。稲葉正成の妻・お福（春日局）が乳母となる
慶長10（1605）	朝鮮使節を伏見城で引見する（3月5日）
	秀忠、征夷大将軍となる（4月16日）
慶長11（1606）	駿府を退隠の地と決める（3月20日）
慶長12（1607）	駿府城殿閣完成し、ここへ移る（7月3日）
	朝鮮使節と駿府で対面、国交回復（5月20日）
慶長14（1609）	琉球を島津家久に与える（7月7日）
	オランダ使節のジャックス・スペックスを駿府で引見する（7月18日）
	官女密通事件で、公家・官女らに配流等の処分を行う（10月～11月）
慶長15（1610）	琉球王・尚寧を駿府で引見する（8月14日）
慶長16（1611）	豊臣秀頼を二条城で引見する（3月28日）
	在京の外様大名22名に三ヵ条の条々を誓約させる（4月12日）
慶長17（1612）	岡本大八事件で有馬晴信を甲斐に配流、大八を火刑に処す（3月21日）
	キリスト教禁止令を出す（3月21日）
慶長18（1613）	大久保忠隣をキリシタン取り締まりのため京へ派遣する（12月19日）
慶長19（1614）	大久保忠隣、改易となる（1月19日）
	秀忠の娘・和子の入内受諾が伝えられる（3月8日）
	方広寺鐘銘事件（7月26日）
	大坂攻めを決定する（10月1日）
	住吉着陣。大坂冬の陣始まる（11月17日）
	講和成る（12月19日）

元和元（1615）	九男・義直の祝言のため駿府を立つ（4月4日）。事実上の出陣
	大坂夏の陣始まる（4月25日）。枚岡着陣（5月6日）
	秀忠の娘・千姫が大坂城を脱出する（5月7日）
	豊臣秀頼・淀殿、大坂城内で自害。豊臣氏滅ぶ（5月8日）
	「武家諸法度」を発布する（7月7日）
	「禁中並公家中諸法度」を公布する（7月17日）
	「諸宗諸本山法度」を定める（7月24日）
元和2（1616）	駿河田中で鷹狩りを楽しんだ夜に発病（1月21日）
	本多正純・天海・崇伝に後事を託す（4月2日）
	徳川家康、逝去（4月17日）。享年75
	久能山の仮殿に遺体が納められる（4月19日）
	「東照大権現」の神号勅許（7月13日）

関連地図　愛知県

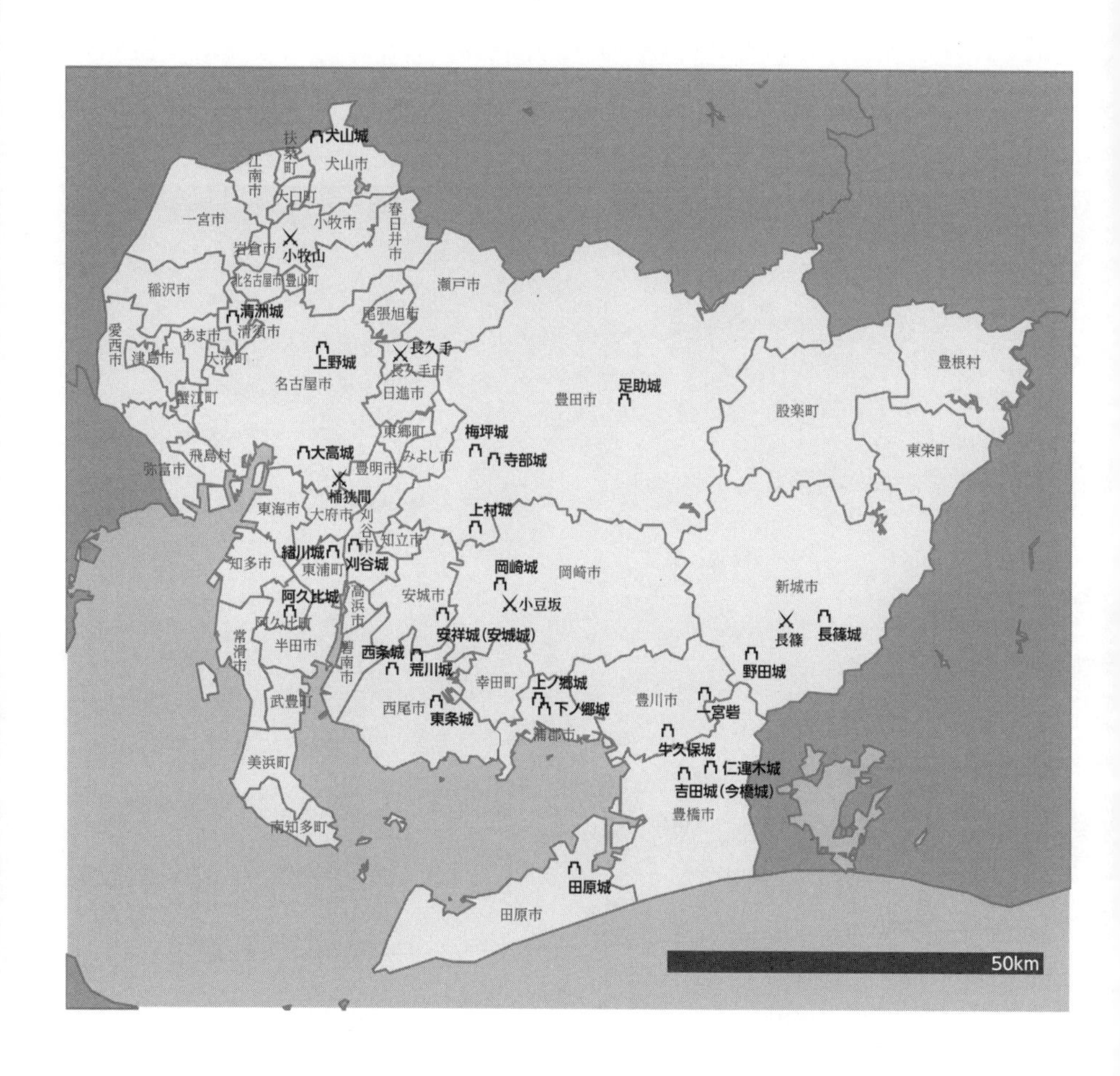

犬山城
扶桑町
江南市
犬山市
大口町
一宮市
小牧市
春日井市
岩倉市
小牧山
北名古屋市
豊山町
稲沢市
瀬戸市
清洲城
清須市
尾張旭市
愛西市
あま市
津島市
大治町
長久手
長久手市
上野城
名古屋市
日進市
蟹江町
豊田市
足助城
設楽町
豊根村
東郷町
梅坪城
寺部城
飛島村
大高城
みよし市
弥富市
豊明市
桶狭間
東栄町
東海市
大府市
刈谷市
上村城
緒川城
知立市
知多市
東浦町
刈谷城
岡崎城
岡崎市
新城市
阿久比城
高浜市
安城市
小豆坂
阿久比町
安祥城（安城城）
長篠
長篠城
常滑市
半田市
西条城
荒川城
碧南市
野田城
幸田町
上ノ郷城
下ノ郷城
豊川市
一宮砦
西尾市
東条城
武豊町
蒲郡市
牛久保城
仁連木城
吉田城（今橋城）
美浜町
豊橋市
南知多町
田原城
田原市
50km

関連地図　**静岡県**

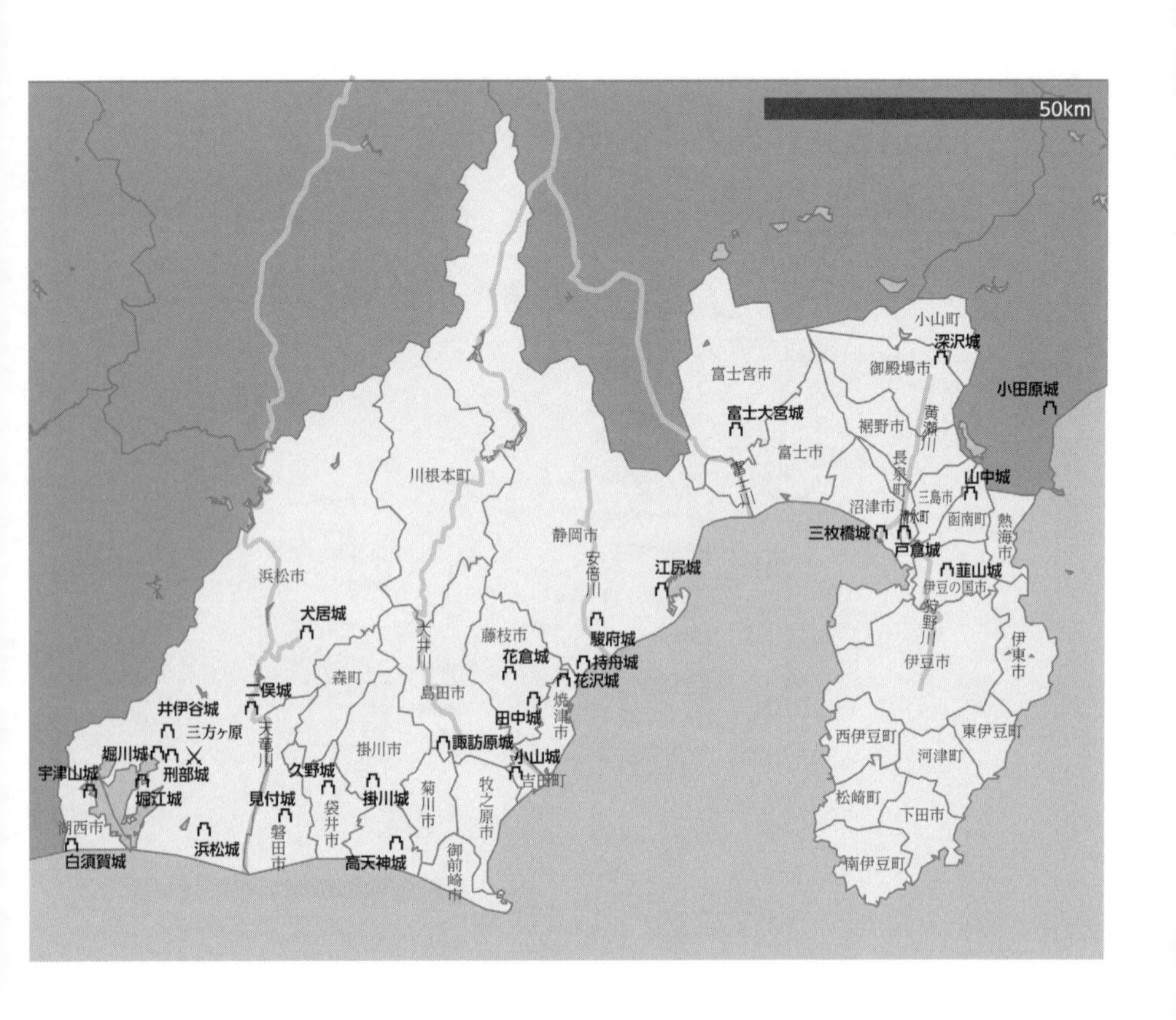
50km
小山町
深沢城
御殿場市
小田原城
富士宮市
富士大宮城
裾野市
黄瀬川
富士市
長泉町
富士川
山中城
三島市
沼津市
清水町
函南町
熱海市
三枚橋城
戸倉城
韮山城
伊豆の国市
狩野川
川根本町
静岡市
安倍川
江尻城
浜松市
犬居城
駿府城
藤枝市
大井川
花倉城
持舟城
花沢城
森町
伊東市
伊豆市
島田市
二俣城
井伊谷城
田中城
焼津市
天竜川
三方ヶ原
堀川城
刑部城
諏訪原城
掛川市
小山城
吉田町
宇津山城
久野城
西伊豆町
東伊豆町
河津町
堀江城
見付城
掛川城
菊川市
牧之原市
袋井市
磐田市
湖西市
浜松城
松崎町
下田市
白須賀城
高天神城
御前崎市
南伊豆町

関連地図　山梨県

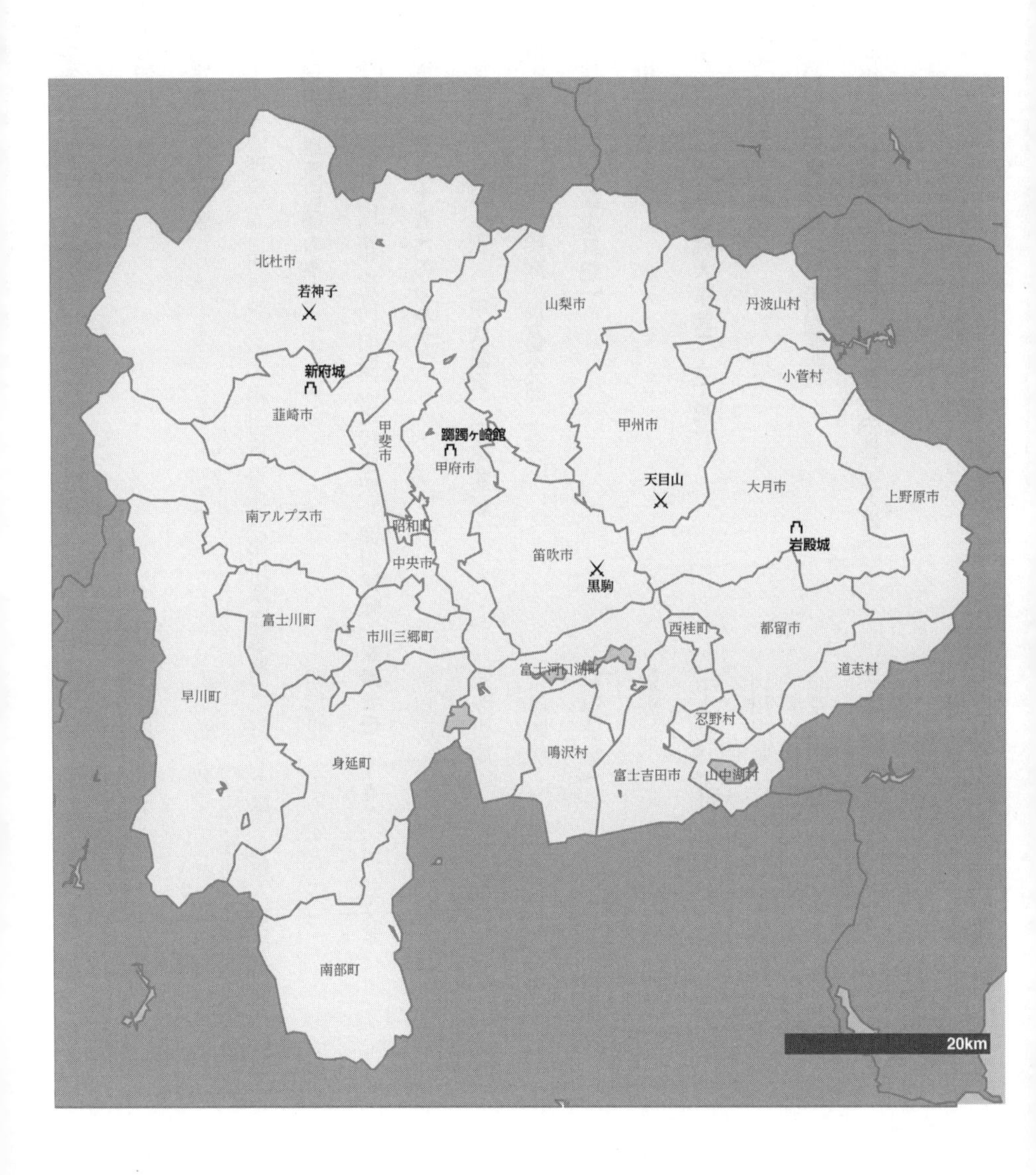
北杜市
若神子
新府城
韮崎市
甲斐市
躑躅ヶ崎館
甲府市
山梨市
丹波山村
小菅村
甲州市
天目山
大月市
上野原市
岩殿城
南アルプス市
昭和町
中央市
笛吹市
黒駒
富士川町
市川三郷町
西桂町
都留市
道志村
富士河口湖町
早川町
忍野村
身延町
鳴沢村
富士吉田市
山中湖村
南部町
20km

主な参考文献

藤井讓治『**徳川家康**』吉川弘文館　二〇二〇年

本多隆成『**定本　徳川家康**』吉川弘文館　二〇一〇年

藤野保・村上直・所理喜夫・新行紀一・小和田哲男編『**徳川家康事典コンパクト版**』新人物往来社　二〇〇七年

煎本増夫『**徳川家康家臣団の事典**』明昌堂　二〇一五年

大石学・佐藤宏之・小宮山敏和・野口朋隆『**現代語訳　徳川実紀　家康公伝1〜4**』吉川弘文館　二〇一〇・二〇一二年

篠田達明『**徳川将軍家十五代のカルテ**』新潮社　二〇〇五年

大久保彦左衛門（小林賢章訳）『**現代語訳　三河物語**』筑摩書房　二〇一八年

太田牛一（榊山潤訳）『**現代語訳　信長公記（全）**』筑摩書房　二〇一七年

中川三平『**現代語訳「家忠日記」**』ゆいぽおと　二〇一九年

志村明弘『**川角太閤記**』勉誠社　一九九六年

戦国合戦史研究会『**戦国合戦大事典二・三・四**』新人物往来社　一九八九年

三鬼清一郎編『**愛知県の歴史**』山川出版社　二〇〇一年

京都市『**京都の歴史第四巻　桃山の開花**』京都市史編さん所　一九六九年

ユニプラン編集部『**戦国武将年表帖　上巻・中巻・下巻**』ユニプラン　二〇二一年

あとがきに代えて

徳川家康の七十五年の生涯を「運と決断」という切り口で、見てきたわけだが、やっぱりというか、予想通りというか、彼の決断も運もすべてが、好結果に結びついている感がある。歴史に選ばれた人間というのは、常にそういうものなのだろう。

ただ、私の感想として、家康には「東大一直線」のような、初めから天下取りを掲げて、そこへ向けて邁進したというイメージはない。目の前に持ち上がる問題を一つひとつ、地道に解決していった結果、天下が転がり込んできたという印象である。

もちろん、その過程において、不断の努力と機を見るに敏な感性が威力を発揮したことは、本書で紹介したとおりである。

我々「フツウの者」が、彼の人生から学び取ることがあるとするなら、先のことはあまり考えず、一日一日を大切に生きる、という聞きなれた人生訓なのかもしれない。それが幸運や好結果につながり、つながらずとも、充実した人生を送ることが出来るのだと——。

最後に、「幸運」にもこのような執筆の機会を与えてくださった、ユニプラン編集部の皆様に感謝の意を表しつつ、筆をおくことにする。

令和四年（二〇二二）　深冷の京都にて　鳥越一朗

著者プロフィール

鳥越一朗（とりごえ・いちろう）

作家。京都府京都市生まれ。

京都府立嵯峨野高等学校を経て京都大学農学部卒業。

主に京都や歴史を題材にした小説、エッセイ、紀行などを手掛ける。

「陰謀の鎌倉幕府」「オキナワの苦難を知る 伝えていこう！平和」「明智光秀劇場百一場」「1964 東京オリンピックを盛り上げた 101 人」、「おもしろ文明開化百一話」「天下取りに絡んだ戦国の女」「ハンサムウーマン新島八重と明治の京都」「電車告知人」「京都大正ロマン館」「麗しの愛宕山鉄道鋼索線」「平安京のメリークリスマス」など著書多数。

写真協力
静岡県観光協会　浜松・浜名湖ツーリズムビューロー　掛川市　藤枝市郷土博物館
清水町教育委員会　（一社）豊橋観光コンベンション協会　豊明市観光協会
岡崎市　田原市博物館　安城市教育委員会　蒲郡市観光協会　新城市観光協会
長久手市
（順不同）

歴史読物　**徳川家康 75 年の運と決断**

定　価	カバーに表示してあります
発行日	2023 年 1 月 1 日
著　者	鳥越一朗
デザイン	岩崎宏
編集・制作補助	ユニプラン編集部
	橋本豪
発行人	橋本良郎
発行所	株式会社ユニプラン
	〒 601-8213
	京都府京都市南区久世中久世町 1 丁目 76
	TEL075-934-0003
	FAX075-934-9990
振替口座	01030-3-23387
印刷所	株式会社ティ・プラス

ISBN978-4-89704-564-1　C0021

鳥越一朗の本

「歴史読物　陰謀の鎌倉幕府」
～執権北条氏をめぐる内紛クロニクル～　〔2022年刊〕

定価 1650円（本体1500円＋税10%）　A5判　232ページ

北条氏の絡んだ67の陰謀・謀略事件を通じて、鎌倉幕府の成り立ちが理解でき、その時代の息吹を感じ取ることができます。

「オキナワの苦難を知る」伝えていこう！平和
～沖縄平和学習に向けて読む本～　〔2021年刊〕

定価 748円（本体680円＋税10%）　A5判　88ページ

沖縄の自然・歴史に触れ、慰霊施設を紹介するとともに、悲惨な戦争の記憶と今も続く基地問題について、その経緯と現状を紹介しています。

明智光秀劇場百一場~「本能寺」への足取りを追う~

定価 1650円（本体1500円＋税10%）　A5判　320ページ　〔2020年刊〕

本能寺の変の首謀者である光秀の、波乱に満ちた劇的人生…。
その101のステージを年代順に現地の写真とともに分かりやすく紹介。
光秀の意外な素顔をあぶり出します。

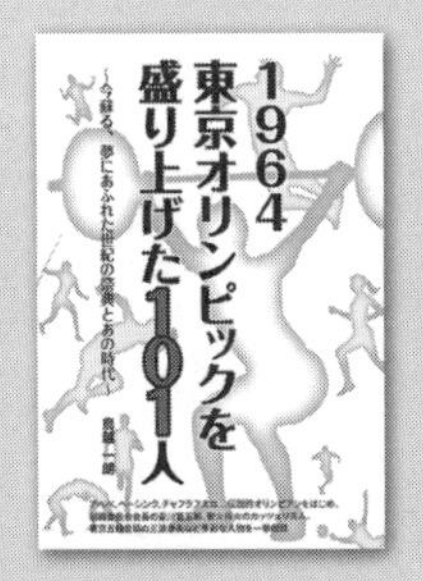

1964東京オリンピックを盛り上げた101人
今蘇る、夢にあふれた世紀の祭典とあの時代　〔2018年刊〕

定価 1760円（本体1600円＋税10%）　A5判　320ページ

1964年東京オリンピックにおいて、メダルを取った選手ばかりでなく、様々な立場で大会の盛り上げに貢献した101人を取り上げ、その素顔や「その後」にも触れながら、彼らの奮闘ぶりを紹介。

おもしろ文明開化百一話
教科書に載っていない明治風俗逸話集 〔2017年刊〕

定価 1650円（本体1500円＋税10%） A5判 280ページ

異例の短期間で近代化を達成した明治の日本。

洋装、断髪、肉食、廃刀、改暦、苗字許可、学制、鉄道敷設、混浴禁止など…101のとっておきエピソードを収録。

天下取りに絡んだ戦国の女
政略結婚クロニクル 〔2016年刊〕

定価 1650円（本体1500円＋税10%） A5判 280ページ

武田、北条、今川、上杉、織田、徳川、豊臣…有力戦国大名七氏の女56人を一挙紹介。2017年の大河ドラマ「おんな城主直虎」の主人公井伊直虎も歴史物語として収録。

恋する幸村
真田信繁（幸村）と彼をめぐる女たち 〔2016年刊〕

定価 1430円（本体1300円＋税10%） 四六判 256ページ

「日本一の兵」と今に伝わる真田幸村は、臆病で引っ込み思案だった!? 激動の時代の流れの中で、多くの女性との出会いと別れを繰り返しながら、戦国武将として成長していく物語。

杉家の女たち～吉田松陰の母と3人の妹～ 〔2014年刊〕

定価 1430円（本体1300円＋税10%） 四六判 224ページ

2015年大河ドラマ「花燃ゆ」のヒロイン・文をはじめ、吉田松陰の親族として幕末・明治の動乱期を生き抜いた4人の女たちの物語。

吉田松陰の母・瀧、妹の千代・寿・文が、逆風に晒されながらも、明るくしたたかに生きていく様を生き生きと描写しています。

絶対絶対めげない男 黒田官兵衛の行動原理 〔2013年刊〕

定価 770円（本体700円＋税10%）　A6判　128ページ

戦国の世、信長、秀吉、家康を向こうに回し、軍師としてしたたかに生き抜いた武将・黒田官兵衛の足跡を辿りながら、彼の行動原理をあぶり出します。世知辛い現代を打たれ強く生きるための極意が、そこに潜んでいることを期待しつつ……。

ハンサム・ウーマン 新島八重と明治の京都 〔2012年刊〕

定価 660円（本体600円＋税10%）　A6判　128ページ

京都に残る明治、大正のレトロな建物などを豊富な写真で紹介しながら、2013年大河ドラマの主人公でハンサム・ウーマンと呼ばれ、数奇な運命を歩んだ八重の足取りを、豊富なエピソードとともに、軽妙な文章で辿ります。また併せて、京都をはじめとした福島・東京・神奈川にある、八重ゆかりの建物・史跡を紹介しております。

平清盛を巡る一大叙事詩 「平家物語」の名場面をゆく 〔2011年刊〕

定価 770円（本体700円＋税10%）　A6判　144ページ

ようこそ無常の世界へ…清盛とその子、孫、姫たち、平家一門の人間ドラマを描く。

茶々、初、江 戦国美人三姉妹の足跡を追う 〔2010年刊〕

定価 628円（本体571円＋税10%）　A6判　128ページ

戦国の世に生まれ、時代の荒波に翻弄されながら、美しくも健気に生きた浅井三姉妹。そのゆかりの地を、豊富な写真とエピソード満載の文章で辿ります。

京都一千年の恋めぐり 〔2005年刊〕

定価 1257円（本体1143円＋税10%）　20・8×13・6cm　176ページ

「一千年の恋人たち」の著者が贈る京都歴史ロマン第2弾！歴史ファンの方はもとより、中高大生の方の日本史、古典の参考図書、京都検定受検を目指しておられる方にはきっと役立ちます。

京都のテーマ探しや、より深く知っていただく上での、旅手帳としても最適です。

京都大正ロマン館 （2006年刊）

定価 1415円（本体1286円＋税10%）　136×210mm　160ページ

京都再発見の名手が贈る、少し昔の京都の光景。明治・大正・昭和という何故かロマンを駆り立てられる時代を、現在に残る81件の建築物と共に紹介。

軽妙なエッセイと叙情をかきたてる写真たちが、当時の風情を思わせます。

電車告知人
明治の京都を駆け抜けた少年たち （2007年刊）

定価 1362円（本体1238円＋税10%）　118×182mm　256ページ

イラスト 中川 学
「危のおまっせー、電車が来まっせー」と叫びながら、チンチン電車を先導した告知人（先走り少年）たちの愛と友情の物語。

麗しの愛宕山鉄道鋼索線 （2002年刊）

定価 1572円（本体1543円＋税10%）　18・4×13・2cm　280ページ

昭和のはじめ、京都の名峰・愛宕山にケーブルカーが走っていたのを御存知ですか？

ケーブル跡の廃墟から70年前にタイムスリップしてしまった少年の、愛と冒険の物語。

平安京のメリークリスマス （2001年刊）

定価 1362円（本体1238円＋税10%）　17×11・4cm　264ページ

現代の高校生が謎解きに挑戦する、京都歴史ミステリー小説。

ザビエル来日より七百年もの昔、平安京の片隅で、秘めやかに祝われたクリスマスの一夜があった？ 著者の大胆な想像力が躍動する、ロマン溢れる物語。

一千年の恋人たち （1997年刊）

定価 1047円（本体952円＋税10%）　18・6×13cm　288ページ

愛の軌跡を辿って見えてくる都の風景。どのように男と女は愛を生きてきたか。都大路に散りばめられた愛（恋）の軌跡。果たせぬ恋、偏った愛、響き合う愛…。愛（恋）の歴史を歩きたくなる都の道先案内。

平安時代から幕末までの、誰もが耳にした恋人たちの物語を親しみやすい文章で紹介しております。